大眾心理學叢書 312

A Woman's Guide to Growing Up

# 一個女人的成長

薇薇夫人——著

# 出版緣起

王榮文

一九八四年，在當時一般讀者眼中，心理學還不是一個日常生活的閱讀類型，它還只是學院門牆內一個神秘的學科，就在歐威爾立下預言的一九八四年，我們大膽推出《大眾心理學全集》的系列叢書，企圖雄大地編輯各種心理學普及讀物達二百種。

《大眾心理學全集》的出版，立刻就在台灣、香港得到旋風式的歡迎，翌年，論者更以「大眾心理學現象」為名，對這個社會反應多所論列。這個閱讀現象，一方面使遠流出版公司後來與大眾心理學有著密不可分的聯結印象，一方面也解釋了台灣社會在群體生活日趨複雜的背景下，人們如何透過心理學知識掌握發展的自我改良動機。

但十年過去，時代變了，出版任務也變了。儘管心理學的閱讀需求持續不衰，我們仍要虛心探問：今日中文世界讀者所要的心理學書籍，有沒有另一層次的發展？

在我們的想法裡，「大眾心理學」一詞其實包含了兩個內容：一是「心理學」，指出叢書的範圍，但我們採取了更寬廣的解釋，不僅包括西方學術主流的各種心理科學，也包括規範性的東方心性之學。二是「大眾」，我們用它來描述這個叢書的「閱讀介面」，大眾，是一種語調，也是一種承諾（一種想為「共通讀者」服務的承諾）。

經過十年和二百種書，我們發現這兩個概念經得起考驗，甚至看來加倍清晰。但叢書要打交道的讀者組成變了，叢書內容取擇的理念也變了。

從讀者面來說，如今我們面對的讀者更加廣大、也更加精細（sophisticated）；這個叢書同時要了解高度都市化的香港、日趨多元的台灣，以及面臨巨大社會衝擊的中國沿海城市，顯然編輯工作是需要梳理更多更細微的層次，以滿足不同的社會情境。

從內容面來說，過去《大眾心理學全集》強調建立「自助諮詢系統」，並揭櫫「每冊都解決一個或幾個你面臨的問題」。如今「實用」這個概念必須有新的態度，一切知識終極都是實用的，而一切實用的卻都是有限的。這個叢書將在未來，使「實用的」能夠與時俱進（update），卻要容納更多「知識的」，使讀者可以在自身得到解決問題的力量。新的承諾因而改寫為「每冊都包含你可以面對一切問題的根本知識」。

在自助諮詢系統的建立，在編輯組織與學界連繫，我們更將求深、求廣，不改初衷。

這些想法，不一定明顯地表現在「新叢書」的外在，但它是編輯人與出版人的內在更新，叢書的精神也因而有了階段性的反省與更新，從更長的時間裡，請看我們的努力。

# 目錄

## 第二篇　夏：成熟季節——72

## 第三篇 秋：養兒育女——144

推薦導讀

# 我如何見證「一個女人的成長」

吳靜吉

如果你在某個人的家裡、某個組織的辦公室或某個美術館看到薇薇夫人的畫作，請你不要懷疑，的確已經有人開始收藏她的作品了。

從國語日報社退休之後，薇薇夫人充滿期待地拜師學藝，一週一次，她的師父「請」求每個同學回家後要繼續作畫；她每天從早畫到晚，每次上課至少繳交五幅作業，當她畫畫時，真的是完全投入，樂在其中，是心理學家妻可生美孩（Mihaly Csikszentmihalyi）所謂的「心流」或「福樂」（flow）之感受，難怪她的產量驚人，成長快速，黃銘昌和其他幾個畫家見了她的畫，都會忍不住地擔起伯樂的角色，加以指點。

認識薇薇夫人，就是見證「一個女人的成長」。

一九七二年我回國在政大教書，第一次參加女青年會主辦的校外座談會。與會者有知名心理學家楊國樞、鄭心雄兩位教授，還有一位名滿台灣的專欄作家薇薇夫人。由於多年不在國內，我竟然「有眼不識泰山」，不知她的成名事實。她在會中現身說法勸告年輕人不要在乎缺點，她說她的腿上有個疤痕，她不在意，別人也就不在意。待我說話時，我特別希望年輕人了解：薇薇夫人「怡然自處」的建議，便是人本心理學家所推崇的自我實現之適應原則。不過她個人的例子不具說服性，因為她是上帝特別眷顧的那一型——外表條件優良，而腿上的疤痕是小事。這個例子對疤痕長在原本已是不好看的臉上的人，是必須注解的：當事人必須發揮自己的優點，「怡然自處」的原則才能落實。

我們真的是不打不相識。之後不久，我受邀在她主持、鄭淑敏製作的「今天」節目上負責每週一次的「心理與生活」講座，從此我們三人不僅同事，而且成為知己，朋友的圈子也越滾越大。根據鄭淑敏和樊曼儂的說法，她在朋友中是怡然自處的，永遠與世無爭。然而在剛認識時，她還是滿在乎別人的評語；於是她盡量在言談、在儀表上「未老先衰」——塑造抗戰時期飽經風霜的媽媽形象。年輕好像就會招惹誰似的。

成熟中的年輕就是成長的象徵；年紀的增加代表經驗的累積和智慧的成熟，而年輕卻代表活力、好奇、冒險、赤子之心。擁有一顆年輕的心，即使禿頭的男人，也都會洋溢童心未泯的氣息。這樣的氣息形於外之後，整個外表看起來都會比實際的年齡小很多。朋友都說：「薇薇夫人越來越年輕，這就是成長的見證。」

一個女人能夠在成熟中年輕，對自己就會有自信；而這些自信、穩定、赤子之心的特質，很快就會感染給周遭的人物。在「一個女人的成長」專欄中，薇薇夫人有其獨立自主的立場，卻從來沒有責怪任何一個年齡、性別、宗教等等的團體或個人。她是樂觀與寬容的。

朋友有難，她永遠不疾不徐地穩定朋友激動的情緒，所以鄭淑敏說：「跟她在一起很舒服。」樊曼儂說：「跟她在一起很愉快。」

那麼，什麼是女人成長的條件呢？首先，女人必須先把自己看做一個有思想、有智慧、有感情的獨立個體，然後再看做女人。這樣的人必須走向自我實現：悅納自己、尊重自己，進而悅納別人、尊重別人；也就是要先悅納自己做為一個女人的角色，更進一步尊重所有相關的角色及其他的人。

一個女人的成長就像一個男人的成長一樣，都需要培養幽默、自處、自信、就事論事、樂於求知、關懷社會等等的特質；薇薇夫人在這一本書中就是以個人成長的歷程作為參考架構，再以讀者的經驗和她自己觀察的事實為證據，運用散文的方式表達她的理念和建議。

認識薇薇夫人三十年，我真的是看著她「長大」的，希望她的成長例子，能夠增加願意繼續成長的女人之信心、力量、機會和方法。

空巢期或退休後，讓一些男人和女人頓失生活重心，度日如年。薇薇夫人卻發揮其赤子之心，實現童年的夢想，朋友都鼓勵她舉辦畫展和其他希望成長的人分享成長的喜悅，不知道她的師父奚淞答不答應！

**【推薦者簡介】** 吳靜吉，美國明尼蘇達大學教育心理學博士，畢業後在紐約耶西華等大學任教，並於辣媽媽劇社從事劇場工作多年，回國後曾任政大心理學系教授、系主任等職。目前除了推動國際學術交流和表演藝術工作之外，也在政大開設教育心理學、創造力理論、人際溝通與團隊合作等課程。著有：《青年的四個大夢》、《害羞．寂寞．愛》、《人生的自我追尋》等暢銷書。

推薦導讀

# 一位成熟又智慧的女性

簡靜惠

在我的人生中有兩位女性的標竿人物：一位是我的婆婆洪游勉女士；一位就是薇薇夫人樂茞軍女士，她們一直是我學習的榜樣。

三十多年前，我由美國學成歸國，嫁入洪家，洪家是企業家族，當時的我年少氣盛，滿懷理想又肩負相夫（與丈夫一起進入企業經營）、教子（一兒一女嗷嗷待哺）的重責。真正面臨人生重大抉擇的掙扎期：結婚、生子、家庭、事業，所有的問題一下子全都發生了。非常幸運的，我有一位非常明理又有智慧的婆婆，她以穩定、寬容、尊重的態度接受了我。婆婆常對著她的兒子及來訪的親友說：

「娶進來的媳婦如同靈鳳飛入門，都是別人家教養好了嫁到我們家的，要好好寶惜，加倍疼她們。」

跟在婆婆身邊三十多年了，我何止是被她疼惜，而是真實的讓我見證一位成熟女性的一生。在為人處世上我努力的學習效行，終是望塵莫及。

◆ ◆ ◆

也就在我面對生活的種種難題同時，我認識了薇薇夫人，先從報上專欄的文字開始，而後在不同的文人聚會場合遇見而相知，沒想到不久即被她邀約：與嶺月三人一起共寫《聯合報》的專欄。薇薇（與她為友慣以薇薇稱之）仍以女性成長問題為主軸；嶺月以家庭婦女的學習成長為文；我以洪簡為筆名，意謂身跨兩姓（本家與夫家，我沒放棄自己的理想）、也是兩業（文化與企業）的女性成長為寫作基調。我的專欄沒延續多久，我身兼數職，公事、家務事繁雜、心有旁騖，不像薇薇有恆心、有毅力，一寫幾十年，沒有間斷，而且越寫越好。這與她的心胸開擴、不恥下問、勇於接納的個性有關；而薇薇也用功，勤於閱讀相關書籍，請教專家……她本身就是一位心理生理都相當成長成熟的女性。台灣的女性何其有幸，在一九七〇、八〇、九〇年代有薇薇相伴，如友、如師、如姐、如母……。

◆ ◆ ◆

重讀薇薇夫人《一個女人的成長》的修訂本，直感覺這真是一本可以讓女性擺在案頭、放在枕邊、長期閱讀的書。內容很紮實，以春、夏、秋、冬四季分別敘述一個女人的成長。

- 春：有女初長成、入社會開始。
- 夏：成熟季節，以結婚為一生的分水嶺。薇薇用一個名詞：第二度成長，很有意思。
- 秋：養兒育女也，就是第三度成長，真是太好的比喻了。
- 冬：到老年了！薇薇說：不變老、只變好。也可說是第二度青春期，讓中老年生活重新充滿希望。

薇薇的文字運用非常流暢自然、貼切意涵，讀起來很順口、沒有贅字，很容易明白。她的觀念新穎、與時代同步，人說：「人如其文、文如其人。」她當真是個思考清明、行事磊落、不拘小節、又識大體、豪爽又開朗的智慧女性。成長與成熟是薇薇一再強調的生命情態，不論愛情觀、婚姻家庭的適應、為人父母、或是迎接中老年的生活……要能過得美妙快樂，幾乎沒有第二法門，就是要學習成長成熟。書中有好多篇章提到成熟，比如：「該成熟時必須成熟」、「成熟的婚姻生活」、「成長請從參加社團開始」、「成熟有助婚姻的穩固」、「幫助他成熟」、「成熟對外遇」、「成熟的女性是已準備好的母親」、「成熟的女人，成熟的丈夫」……。

從篇名就可知其薇薇思考觀念的重點，而這些觀點也是亙古常新的真理，難怪年輕的一代讀此書沒有代溝。能夠在心理與生理同步成熟的人，是多麼幸運，不僅能帶給自己也能給更多的人幸福。當然，有心理成熟的父母，健康開朗的性格，充滿學習的熱情，比較可在成長的道上走向成熟。否則，「靠後天的觀察、學習、然後領悟，同樣可以成長成熟，好好的走自己的一生。」

當我讀到「從全職母親退休」時，不禁拍案稱絕：這不就是我現在的心境嗎？我的兩個兒女都在今年完成終身大事，正是「脫下母親職責，為自己而活的黃金年華」。我雖然老早就是一個獨立自主的人，現在正是可名正言順的大叫：我畢業了！薇薇的觀點不知喚醒多少夢中人。

「愛自己」也是薇薇常說的話。可是她說的「愛自己」，不是把自己打扮得光鮮亮麗、或如同坊間的宣傳上ＳＰＡ按摩放鬆身心的享受、或走出廚房——而是「常保一份心靈的清明美好，不受煩惱的家務侵蝕」。

「活得快樂、不一定漂亮」、「要愛自己」是她一直勸告女性朋友的話。

✦ ✦ ✦

寫到此，我想到我的婆婆，她今年八十七歲了，每天把自己收拾得清爽亮麗，精神雋鑠的邀約親朋好友、鄰居故舊，上陽明山吃青菜土雞。她的心境非常清明、健康，她與土雞城的老闆娘做成了朋友，主動的邀約大家一起來坐坐。

她在回憶：所有的過往，在她的口中都是美麗的畫面。

她在維繫親情：不分貴賤年齡，主動熱情的邀約相聚，有來有往情份也常在。

她在排遣老年生活：多彩多姿的人生冬季之美，她親手彩繪。

✦ ✦ ✦

欣聞薇薇夫人《一個女人的成長》的修訂本出版在即，看我的兩位學習榜樣，她們的言行舉止，都如同書中所言，真誠、踏實的、一步一腳印的認真生活著。

這的確是一本可以一讀再讀的好書，我滿懷歡欣，特以書之是為推薦。

**【推薦者簡介】**簡靜惠，台大歷史系畢業，美國羅耀拉大學教育碩士，曾任國家文化藝術基金會執行長，現任洪建全教育文化基金會董事長、台灣ＰＨＰ素直友會總會長。長期從事文字創作，並成立「洪網」致力推廣人文教育；著作包括《雅歌集》《撒一把素直的種子》《以素直精神經營讀書會群》等書。

# 修訂版序

春天，我走在山道上，樹頂上的新芽嬌綠嫩紅，怯生生的滋長。院子裡一夜春雨後，野草像是倏忽冒了出來，綠成一片。萬物生長的程序都是一樣的，生命雖有長短，但都是依出生－成長－成熟－凋亡走完旅程。

人也是一樣，一個生命只要不受過斲傷，有足夠的營養，他的身體就會自然成長，十歲是十歲的樣子，二十歲是二十歲的樣子。但是心理的成長卻不一定都那麼「理所當然」，早成熟的人可能生理才二十歲，心理成熟度卻已經是三十歲了，而成熟太晚或甚至不成熟的人，六、七十歲時某些言行還一如十歲孩童。這也就是為什麼我們能很顯著地看見生理醫生把病治好，而心理醫師治病卻艱辛而不一定能「妙手回春」。

當然心理不成熟不一定是病，一個心理不成熟的人只是自己活得不好，也極可能讓他最親近的人跟著活不好而已，不是致命的。女人處在這個「多元化角色」時代，一方面甩不掉傳統的賢妻良母角色，一方面又要奮勇地躋身於發揮自我的新時代女性行列。這不但需要有極良好的適應能力，也需要心理上的不斷成長和成熟，否則不是疲於奔命染上「女強人併發症」，就是退縮而自怨自艾。

能夠心理和生理同步成熟的人，有些是幸運地有心理成熟的父母，健康開朗的性格，成長的路上雖然有阻礙，也比較能衝過去。有些是靠後天的觀察、學習、然後領悟，同樣可以成長成熟，好好走自己的一生。

《一個女人的成長》這本書，按生命程序分成春、夏、秋、冬四季，探討我多年來接觸到的各種女人的問題。現在我已走到冬季的生命歷程，回首後望，自覺到也有資格給同性朋友們一些經驗分享。因為在《聯合報》寫了幾十年專欄，接觸到太多女人問題。而我勤於閱讀相關書籍、請教各類專家，同時自己是屬於幸運的、心理生理夠同步成長成熟的女人，看問題大約還能透徹清晰。

遠流重新出版《一個女人的成長》，我曾經猶豫會不會是炒冷飯？就央請出版公司裡年輕的編輯先讀一遍，把不合時宜的「揪」出來，如果需要刪改的太多，那就作罷。結果經過年輕人修理過的書，竟然還能保留七、八成。這說明人不像電腦，不能「日新月異」，很多根深蒂固的觀念可是牢固得很喲！但年輕人還是比較變化多端，當年我曾呼籲父母給女兒也買部電腦，今天我卻要為少女們沈溺電腦而擔憂了。

年輕女孩變得更豪放、更勇於表現、更沒有包袱，活得比她們母親那一代更自由。可是，仍然有當年我看到的「長一粒青春痘就睡不著覺，胖了一公斤就拒絕吃飯」的「年輕特徵」，所以我還是「有話可說」。

其次，二十幾到三十幾歲的女性也有很多改變，自助旅行的越來越多，攀登高山、揚帆出海、騎單車環遊世界等等，心胸眼界大開，思想觀念自也不同了。職場上的女強人春筍般冒出來，個個充滿自信；不過碰到婚姻問題時，卻有不少仍陷入傳統的困擾，需要的還是成熟面對。

最可喜的是純家庭主婦的轉變，很多從羞澀、沒有自信轉變成知識豐富、有獨立思考能力、熱心公益、關懷社會的時代女性。儘管仍然是純家庭主婦，但她們的天地不再是只有小小的家了。不過也還有很多主婦只在家裡打轉，生活裡只有柴米油鹽，我期待已成長的主婦能協助困在小天地裡的女性，走出窄小的天地。

媽媽的角色如何呢？有位媽媽說，這是最難扮演的。因為不論是傳統婦女或時代女性，一旦面對孩子就很難理性做媽媽。可能由於孩子生得少就驕寵，可能由於太期待孩子有出息就扼殺他們的特性，可能由於太愛而緊緊抱住不放，因此多多少少會有點「變調」。不過沒有十全十美的媽媽，成熟的媽媽會知道如何拿捏分寸。隨著時代的改變，成熟的媽媽會不斷調整，以免變調，所以我保留了當年的看法。

開朗、快樂的銀髮女性增多了，真好。她們到醫院做志工、上台走秀、跳舞唱歌。有天我在街上看見兩位銀髮女士，坐在一家時髦的咖啡室內品咖啡聊天。在春天的午後，別有一份愉悅的閒情。真希望這些活得好的銀髮女性，能影響那些活得苦的。老而好不是夢，決定權在自己。

人因有思想而複雜，女人尤其複雜。有位朋友告訴我，他們男男女女幾位同事去看二〇〇三年春天一部很紅的電影《時時刻刻》（*The Hours*），散場後女性熱烈討論，男性大惑不解：「這三個女人在幹什麼？她們到底要什麼啊？」這說明了基本上男性和女性是很難「思想一致」的。不成熟的人甚至也不知道自己要些什麼，我期待新版《一個女人的成長》能奉獻一點經驗給需要的朋友。

成長的果實是成熟。如果要給成熟一個定義的話，我認為一個成熟的人必定是個自在的人，他在路邊攤吃一碗魯肉飯不會自卑難為情，同樣的，在豪華大酒店吃一席山珍海味也不會驕傲得意。一個成熟的女人不結婚的話，可以自在的過單身生活；結婚的話，也不會埋怨婚姻埋葬了她的才能。做純家庭主婦的話，她能怡然自得；做個事業有成的職業婦女也不會自大自傲。不生孩子的話，她不怨天尤人；生了孩子也不會慨嘆媽媽難為。她知道每一種角色的意義和責任，也很清楚選擇了一種或多種角色後，怎樣演好。

「強說愁」的少年男女說「成長是苦澀的」，這種體認也沒錯，青春期本來就是情緒狂飆的。但隨著心理成長，一般少年男女自會懂得身心的變化是自然現象。他可能是幸運的心理和生理同步成熟，也可能靠自己而心理和生理同步成熟。無論是哪一類，在成長中都需要專家的知識以及別人的經驗，而我願做個經驗提供者。

心理的成長和成熟沒有底限，到離開世界那一天以前，我要永不停止成長和成熟。

第一篇

# 春：有女初長成

對成長到青少年的女孩來說，我要討論女孩子本身對生命、感情、自我等等的態度，因為離成年不遠，要開始獨立了。

一般說來，由於我們的父母對孩子保護過度，以及大部分青年都沒離開學校，所以比起國外同年齡的年輕人獨立要晚。這種情況說得好是比較單純，說得不好是比較幼稚。大多數年輕人除了學校功課之外，幾乎不再讀什麼書，甚至連看報的也不多。

現在的青少年和過去最大的不同，是上網聊天、交朋友，但上網尋找知識的並不多。網路是個極複雜的世界，對一些缺少獨立思考和缺乏判斷力的青少年來說，甚至處處是陷阱。但網路也是知識豐富、資訊快速的世界，怎樣利用它的優點，為未來的人生打好基礎，成熟的青少年會懂得怎樣取捨。

尤其女孩子，更要學習放開眼界看人生，因為在未來的世界，女孩子不可能像過去那樣活在男性的「保護」之下了。有些女孩已經覺察到這種趨勢，她們訓練自己的能力和膽識，為未來做具體的計畫，雖年輕卻夠成熟。但是仍然有更多不知自己未來要做什麼，認為那是遙遠的人生，只沈溺在年輕的曚昧世界，追星逐月，浮誇一切現象。當然，這也是年輕的特點，就像這個階段會特別注重自己的外表，長一粒青春痘就睡不著覺，或胖了一公斤就拒絕吃飯，老是從自己外表找缺點；但只要在精神上有很好的專注方向，同時眼光放遠放大，就不會過分為外表苦惱了。青春易逝，在年輕時可以緊緊把握學很多東西，這是永不會變的真理。未來的女性一定是「內涵重於外表」的，因為她們要肩負和男人同樣的責任。所以從現在起，要打好基礎。

成熟，其實是從人生中點點滴滴培植出的。而「春」是萬物滋長的季節，談女人的成熟先從青春期開始，正是期望這個時期的女性對成熟有所認知，輕鬆愉快、認真踏實的往成熟大道邁進。往後，人生中的種種問題都可以在成熟的智慧中，變得比較容易解決。

初入社會

# 1 奉獻服務，受益終身

「施比受更有福」是一句已經用舊、但意義亙古常新的話，只有親身體驗過的人才能真正了解並享受那種甜美的滋味。曾有人從青年做到中老年，從婚前做到婚後，不願放棄。

但我觀察到的現象是：很多媽媽成長團體的成員比較勇於做志工，而更年輕的女性大約是忙著享受生活，忙著享受沒結婚前的自由，而沒時間做志工。其實奉獻服務的觀念需要更年輕時養成，這會有助於以後在社會上與人相處，以及選擇婚姻後與家人相處。因為人際關係的智慧是需要學習的。

志工在近年來已不是個新名詞，只是各種服務機構在徵求志工時，大都是「陰盛陽衰」。女性參與的比例一向就高，有人說男性的野心比較大，不大願意做既無升遷機會、也無「調整薪水」的志工。姑且不論這原因究竟對不對，志工的確是值得年輕人在生命鼎盛時期，找機會去參與一段時間的工作。雖是女性比男性熱心，我仍期望有更多年輕的女性參與。因為女性比較容易受情緒困擾，比較容易鑽牛角尖，容易受生活環境中各種事物干擾。所以很多女性寫信向我傾訴的問題，老實說一般都太瑣細，太不值得痛苦不安。如果能把關心的觸角從自我廣伸出去，看看自己以外的世界，了解別人的生活，進而奉獻一點自己的力量，替別人做事，替別人解決一點問題，那心中天地一定會變得更加廣闊。也就是說從基本上可以變化我們先天的弱點，像心胸較窄、眼光較短等等，好有更寬宏的氣量、更堅實的心性，以承擔女性未來可能比男性更多的挑戰。

人生的苦或樂、幸或不幸，除了真正嚴重的情況以外，很多只是一種比較。做志工會讓人懂得比較，懂得珍惜自己擁有的人生。

奉獻服務的觀念和習慣養成以後，往長遠看是終身受益的。現在有太多中老年婦女陷入生命中的低潮，事實上生理的影響極少，大多數是心理上過分自我中心、自憐、自怨，結果自己活不好，家人跟著受罪。

初入社會

# 2 選擇生活方式的智慧

因為很多女性獨立的能力提高，因為很多女性不再「妻以夫貴」，「不一定要結婚」的觀念現在不再是「荒誕」的。更由於醫學技術發達，女人可以沒有丈夫而有孩子，所以現代女人真的「不一定要結婚」。

但是幾千年的婚姻制度不是那麼容易瓦解的。更明顯的一點是，不是每個女人在心理上都能正常地接受不結婚的生活。通常是在離三十歲還遠的年齡，「不一定要結婚」的觀念隱隱然影響著一些所謂「條件不錯」的女孩，不屑於談「婚姻」兩字。覺得這是俗不可耐的生活方式，理想的生活雖不一定是「不食人間煙火」，至少不埋葬在柴米油鹽、奶瓶尿布之間。對每一個追求的男孩，總能挑剔出一大籮筐的毛病。

在學校功課好、活動能力強，到社會上也是幹練的職業婦女，收入可以供自己過中上的生活，接觸的人也廣，傳統的結婚生活更是不看在眼裡。當然這未嘗不也是一種生活方式，而且頗有吸引人的地方。但有不少這樣的女性一到三十歲以後，似乎仍然掙脫不了傳統婚姻制度的影響，無法像男性那樣真正的灑脫，真正的沒有壓力。

也有真不在乎婚姻的女性，她們活得充實而自在。不過到目前為止，我知道的還是少數，她們了解生活，並有解決自己問題的智慧。對於一般女生來說，要很誠實的面對陰影和壓力，可能並不容易。

所以在能戀愛並能有機會戀愛的年齡，不要刻意拒絕；在能結婚並且有機會結婚的時候，不要輕視婚姻。我見過不少女孩從百般苛求戀愛或結婚的對象，到渴求能有一個對象，這種心情是何等的痛苦。

世上很多事強求固然不幸，但偏激的摒棄也是不幸。婚姻生活也許很俗氣，然而我們要有自知之明，知道自己能不能過不俗氣的生活。在結婚不是女人唯一的路的今天，我們多了選擇的權利，更需有選擇的智慧。

3

初入社會

# 如果你無法升學

署名「一群作業員」的女孩來信說，「一個女人的成長」專欄似乎偏向於談在校女生遭遇的問題，對不幸無法升學的女孩比較不關心。她們問我是不是看不起她們。

當然不是！事實上我本身可以算是一個敬業的人，我也真正尊重每一個認真工作的人。尤其是年輕人從事勞力工作的，我常常很感動。覺得她們這樣吃苦辛勞，卻肯守住工作不到街頭混，不受誘惑而好逸惡勞，實在是了不起。

無法升學可能有幾個原因，譬如家庭經濟或父母觀念（尤其是對女孩子）、個人性向不適合研究學問，甚至「考運」太差等等。但是無論什麼原因沒有繼續升學，最重要的一個心理認識是：絕不自卑，更不自棄！我不否認世人多的是勢利眼，也親見不少人對待勞工階層的態度。這些人基本是不懂得尊重生命的，也很難教育他們，因此不必寄望他們改變態度。

在世俗標準下，社會地位較低的人首先要能不自卑、自棄，這必須經過不斷的「修練」。譬如工廠的女作業員，很多先替自己的身分訂下標準，以為自己微不足道，怎比得上那些讀高中又讀大學的女孩子？其實只要在自己的工作崗位上盡責，對國家社會的貢獻絕不亞於他們。有你們奠定了穩固的基礎，她們才能在基礎上發展。這不是唱高調，而是事實。有了這種了解，就可以對勢利眼置之一笑。

其次要永遠不間斷地自修充實自己。自修可以是找機會讀夜校，也可以是買書自己讀。不要花太多時間讀那些花花綠綠的雜誌，也不要花太多時間讀那些明星歌星私生活的報導，那都不可能充實知識和內涵。要在職業以外，找一兩項自己的興趣，然後花時間和精力培植這興趣，也許會讓你有一天在這些興趣上結出成果（譬如寫作）。有了可以讓你更有成就感的東西，生活及生命一定有不同的意義。而這些並不是能從學校學得到的，這就是為什麼一個大學畢業的女生，也可能生活在一片空白和空虛裡的原因！

初入社會

# 4 女性的友誼

「女性不容易彼此成為肝膽相照的朋友」、「女性最大的敵人就是女性」等這一類批評女性不能互助合作的話時有所聞。其中倒也不無幾分真實，甚至有人說，女人在讚賞另一個女人時也是帶著刺的。這種心態不知是不是因為千百年來，女人必須努力突出自己的優點，貶抑別人的優點，才能在男性社會中鞏固或謀求自己的地位。想想看，在《紅樓夢》的大觀園裡，那些美裙釵哪個不是各有不同的才貌，但為了一個賈寶玉，這些美才女就很難肝膽相照，結成知交了。

但是，今天的女人不必再有那種「恐懼」了。女人的路多了，也寬了，不再只有「大觀園」或皇帝後宮那樣狹小的天地，也不再只扮演「等待男人」那唯一的角色。

然而更重要的是，在路多了、寬了以後，就需要有朋友攜手同行。需要真正的朋友，能互相幫助、了解、欣賞，甚而結成「死黨」般的患難與共，就更能在情緒的紓解上和工作的需要上，彼此受益。

描述女性友誼和女性共同合作事業的電視影集，最近在美國大受歡迎。這些影集都是以兩個女主角為中心人物，有的是女警合作辦案，有的是在工作上和家事上互相扶助。她們向觀眾展現女人也能像男人一樣，成為互敬、互愛、互助的朋友。

很多人了解今天女性的處境和需要與過去完全不同。我們既然像男性一樣成為自己的主人，同時像男人一樣在社會上工作（純家庭主婦的處境和需要也和過去完全不同），就要學習男性怎樣與男性相處、合作，才能有像他們一樣的成就。

年輕時不妨多多留意一些志同道合的同性朋友，試著談些化粧品和流行服裝以外的書。當然，如果對這些特別有興趣，也未嘗不可把它當成未來的事業，向更專業發展。

年輕有熱情，有理想，更容易交到朋友。可惜的是，很多女性在年輕時交了些知心好友，一結婚友情就逐漸消失。

# 5 不是哭的時候

聽說一個女孩在受到上司輕薄時，嚇呆了，任憑對方凌辱，過後才回復神志號啕痛哭。

聽說一個女孩在醫院看病時，被醫生在動作和語言上戲弄，當時明知受辱卻不敢有任何反抗，直到回家後越想越委屈，才哭個肝腸寸斷。

聽說……

只要聽說的是這類故事，大多數的女孩反應都是驚惶、呆怔，然後是傷心屈辱泣下，這時真不由得長嘆一聲那句名言：「弱者，你的名字是女人！」

哭，本來是紓解情緒的管道之一，不論男女，「能哭」都很好，不會把積鬱變成「心病」。但是女孩子在碰到這樣的「性傷害」事件時，哭就沒有何實質上的力量，也不能解決任何問題。中國的俗語：「人善被人欺，馬善被人騎。」在某些時候還頗有道理，縱使在一個家庭裡，特別善良老實的孩子，往往也會被家人欺，甚至父母也會犯這種「無心的過失」。強悍機靈的人比較能保護自己，在家裡反而特別受到父母的寵愛，實在是不公平的事。

但人受性格左右，也常是無奈。不過有些事情可以從別人的經驗中，學到對付的方法。譬如說多看報章雜誌上的報導，知道哪些情況會發生危險、哪些跡象要多多提防，像在擁擠的車廂裡被「鹹豬手」輕薄，勇敢的女性會用手上的傘柄或尺、鑰匙等利器警告對方或機警的換位，或大聲叫出來。多知道一些就多一點預防的常識；能預防絕對是勝過事後任何的補救。

善良可以有幾十種美德，但不包括怯懦和遲鈍。在這個社會裡，女孩子最好能時時保持冷靜鎮定，培養隨機應變的能力。當然，也不必神經質到男人看一眼就認為對方有不良企圖的程度，絕不是所有的男人都那麼品德低賤的。過度的矜持會拒人於千里之外，對工作和情感都有阻礙；怎樣恰到好處，全在自己的觀察、學習和體會。

不要除了哭什麼都不會，徒然讓人占了便宜，自己受盡委屈。

# 6 勇敢的說「不」

女孩受到輕薄或淩辱時，哭絕對不能解決問題，也不能消除心頭的傷痛。事實上，成熟的女孩懂得防範於事前的技巧，那就是機警的讓對方無隙可乘。

依情況來看，大致有兩種：一是對方是自己的上司或師長，往現實面來看，直接的衝突受害的是自己。因此很多女孩為了保障工作或被師長以成績做要脅，只好「忍辱求全」。事實上從我接觸到的個案來看，凡是以為答應對方所求就可以保護自己權益的，最後一定落入更慘更糟的境地，因為那成了對方捏在手裡的把柄。

這時候如果有足夠的機智，就能見機行事，婉轉拒絕說「不」但不要傷害到對方的自尊。記得，捧高男性的自尊，有時候會讓他們自覺而收斂。當然，對沒有自尊心的男人，你只有果斷的說「不」。只要自己有能力，「此處不留人，自有留人處」，拿出魄力來闖人生。

至於師長，社會自有公道，為所欲為的人不多了。

在這裡我必須公道的說，有些男老師曾十分怨憤的告訴我，他們很怕某些女生為達目的不擇手段，竟敢堂堂皇皇的捏造事實，這是社會盲目同情女性造成的。如果年輕女性真的用這種手段達到目的，我敢說最後受害的仍然是自己。因為無論男女，「巧取」和「豪奪」絕不是一個人可以在社會立足的正途，除非不要自己的人格和尊嚴。

第二種情況是同事或同學之間，有些男性用語言輕薄，只要不是針對自己，全當沒聽見，過度反應也很無趣。如果是明顯的針對自己，就要勇敢的請他把話收回去。如果是動作上的輕薄，當然立刻閃開，同時嚴正的要對方尊重他自己。

很多時候，男性對女性的態度是從察顏觀色進而得寸進尺的。女性想在異性間受歡迎卻又不致遭到輕辱，相當需要智慧。其實過度期盼受到異性歡迎，有時反而容易受到輕辱。多多揣摩這道理，可能有助於自己如何和異性相處。

可喜的是，社會也在不斷地學習與改進，但保護自己之道，仍然要靠自己懂得說「不」的藝術，以及說「不」的勇氣。

# 1 欣喜中心存警惕

兩性的戰爭

有天突然發現車子左前輪需要打氣，經過一家加油站看見立著一架自動打氣機器，停下車察看，發現自己完全不懂如何操作。直覺的請加油站的男孩幫忙，誰知兩三個男孩靦腆的搖頭「不會耶」，此時一個女孩長髮飄飄的走來：「我也不會，但我要來試試。」她拿起打氣管蹲在輪胎旁時，男孩們也過來了，我忍不住笑說：

「你們男孩都沒勇氣試呀，好像沒有女孩勇敢喲！」

一個男孩似乎不甘示弱地動起手來，女孩幫忙完成，我謝過他們。在車上一路覺得對那幾位男孩很抱歉，我是否太長女性威風了？事實上，心理學家已經作過調查研究，年輕男性的確有越來越多「女性化傾向，性壓抑升高」，而女性卻有「獨立性增加，情緒失調，性壓抑降低」的現象。這是父母教養的態度，和社會變遷的影響。

雖然我無心的刺了加油站男孩們幾句話，卻是很高興看見兩性走向「整合型性格」的趨勢。因為我一直認為男性帶有傳統女性特質，和女性帶有傳統男性特質的人，不但自己可以活得好，他們旁邊的人也可以活得好。

我為女性經幾千年的壓抑、委屈下，逐漸自覺、獨立而欣喜，但也想到曾經在《讀者文摘》上讀到一篇〈女性不要太威了〉，其中提到很多女性說「現在的男人沈悶無味，他們意氣消沈，無精打采」，缺乏我們曾經認為是男性的特徵——特殊的活力、生命力、熱忱、自尊心。

女性在欣喜當中，最好心存警惕，不要太過偏激，男人都無味時，這世界也就沒什麼意思了。

任何一個有理性的人，在考慮到男女平等這個問題的時候，期盼的一定是男女和諧相處，共同創造人類更美好的生活；而不希望男女競爭激烈，誰非要把誰壓下去不可，因為被壓制的一方永遠是要反抗的。人類只有男女兩性，任何一性成為弱者，都是人類生活的大缺陷。

兩性的戰爭

# 2 自信才有平等

和一位來訪的女記者談到自己對服裝的看法，以及穿衣服的習慣等等，她突然問我：「你覺得女孩子選擇服裝，要不要以男朋友的喜惡做為取捨的標準？」因為她發現不少女孩只由於男朋友不喜歡，就放棄自己原來喜歡的衣服。

本來這純粹是個人的問題，更何況男女相戀的時候，也會相互取悅對方。但如果過分的以取悅對方作為維護雙方感情的唯一力量，就似乎還沒脫「第二性」的心態。傳統的男女之間，男性若看女友或妻子的喜好行事，就會被同伴譏笑，反之才是大丈夫男子漢；女性若看男友或丈夫的喜好行事，就被稱讚有福氣，人家那麼愛她，反之男性可以根據這一點而移情。

這種心態延伸的結果是，很多女孩在戀愛時沒有安全感，患得患失，也失去自信。有一些類似的例子是，女孩明明清白，甚至還是第一次交男友，但男孩卻根據他聽來的一些似是而非的說法，硬指女孩「一定」、「曾經」如何如何。女孩則肝腸寸斷，委屈悲痛，不知如何「證明」自己的清白。

我覺得一個有自信的女孩不必接受這樣的折磨，她得了解，今天男女絕對是站在平等的地位，男性愛她就得尊重她、相信她，她不必做任何證明。如果對方不能相信，老實說這種愛也沒有「爭取」的必要，因為對方純粹只站在擔心「吃虧」的心理，究竟有幾分愛頗讓人懷疑。

這種了解和自信，不是一個以男友喜惡選擇自己服裝的女孩能具有的。一個女人要活得好，首先要培養獨立思考的能力，剛愎自用固然討人厭，完全聽人擺佈也太可憐了。我很喜歡里奧・巴士卡力（Leo Buscaglia）在《愛・被愛》（*Loving Each Other*，中譯本遠流出版）這本書裡說的，不必事事聽別人的意見，「愛能聆聽它自己的需求，欣賞它的獨特性」。

自信不是矜持，不是驕傲，是對自己的肯定，是相信自己是個獨立完整的人。雖然不談戀愛、不結婚，也無損自己的獨立完整。而在戀愛和婚姻中，仍然有自己的獨立和完整。

# 3 雙重標準下的反省

關心女性問題的知識份子，最近一定會注意到有幾本雜誌不約而同地談到關於職業婦女中女主管的種種情況，包括占的比例、主管和部屬對她們的看法，還有她們的處境和心態等。

有幾位大專女學生向我談起時，覺得「好惶恐」、「好複雜」、「好可怕」，但也有覺得「不服氣」、「不公平」的。這些將來可能成為「接棒人」的女孩，已經開始感受到職業婦女不單純的生活形態了。

本來職業婦女的擔子，一頭挑的是照顧家庭，比有職業的男性就要雜一點、重一點，更何況社會、家庭對婦女和男性的要求，很多地方還是有雙重標準。

《天下雜誌》曾用醒目的小方塊，刊出美國加州大學企管所研究發現，一般人用截然不同的形容詞來形容男主管和女主管，而其中有些形容詞並不限於主管，簡直是可以用在很多層次的男女身上，像說男是有進取心，女則是得寸進尺；男是立場堅定，女則變成剛愎自用；男士是敢說話，女子則為大嘴巴；男人守口如瓶，女人則神秘兮兮等，使得女性在職業崗位上增加不少挫折和壓力。

對於未來很可能成為主管的年輕女性來說，這種雙重標準的形容詞有提醒和警惕的作用。其中當然有部分是男士對傳統由男性當主管的生態受到女性侵襲，不能普遍接受女性當主管；而部分可能的確是女性自己的表現，招來這樣的形容。

有位女主管說：在職場上她時時提醒自己是女人，也時時忘記自己是女人。聽起來矛盾，其實這正是成熟的智慧。

雙重標準固然是使女性吃虧的「世界傳統」，但是我們倒不妨徹底反省，套一句話說是「有則改之，無則嘉勉」。羅馬不是一天造成的，千百年男性社會中種種的不公平、不合理，也不是一天可以消除的。

女主管不是女性唯一要追求的目標，在男女兩性真正平等以後，就是做一名純家庭主婦，也是像做女主管一樣有價值、有尊嚴的。而不合理的雙重標準，更要靠我們同心協力來改進。

4

兩性的戰爭

# 培養思考判斷力

「一旦開車上路，滿路都是仇人。」有位朋友憤憤地說。的確，開車的人大約都有過這種心情。總有一些蠻不講理的超車者，不守交通規則的駕駛人，讓守規矩的恨得各種國罵都會出籠。

自從女性駕駛日漸增多以後，常碰到那些惹人罵的是女性。特別是年輕的，又猛又兇又狠，絲毫不輸給男性。有人說，女人也是人，只是以前沒機會表現而已。除了開車，在很多需要競爭的場合，有些女性表現得「超強」。但是否讓人心服口服呢？是否有真材實料呢？這都是需要自己誠實思考的。

「女人也是人」這句話，應該不可以用來解釋所有女人的不良言行。從長期禁錮中「釋放」出來的被壓抑的傳統女性意識，如果稍有「放縱」也是可以理解的。而只要無害別人，不破壞公共秩序，其他人就沒權利過問。在這一點上，大多數的女性的確不會做出太過於危害社會的行為。大經濟犯、大暴力份子、大黑社會頭目等，都還不見女性。當然這與女人膽子比較小有關，可是，膽子是能訓練的，「女人也是人」的「定律」不變。

所以，每次聽見年輕的女性喊「男人能做的我們也能做」時，我免不了有點心驚。這句話對仍然禁錮的女性意識，應該是向上向善的啟示，而不是負面的為所欲為。男人能做的有意義、值得的事，女人也能，但是問題在於男人做的事情當中，有不少是「人」不該做的。

曾有很多次，年輕的女孩和我談到做一個現代女性，時有價值觀混淆的困惑。「豪放女」（不單指性）有令人羨慕的地方，但淑女卻更能討別人喜歡。我個人覺得刻意討人喜歡顯示的是自信心和安全感都不夠，也許和成長環境及人際關係有關。但毫無章法的「豪放」，一定也不能讓人活得快樂，人大多數時候還是喜歡有軌道可以依循前進的。

做一個現代女性，最重要的是培養思考和判斷的能力，然後才知道剪裁言行。譬如說開車又猛又兇又狠都不打緊，但是堅守交通規則才不會出車禍。

# 5 不要互相殘殺

「在很多會場上，往往裡面開會做決策的都是男性，而在外面管報到簽名的都是女性，唉！」有一次我又發這種感慨的時候，一個男性朋友直言無諱的叫出來：「你不能全怪男女不平等，很多女性不能一齊進到會場裡去，她們會搞得亂七八糟，女人自己就會互相殘殺！」

他的話真教人聽了刺耳，卻又不能完全否認其中是有部分事實。對於現代年輕的女性來說，婚後也許因丈夫反對、孩子牽絆，不能出外工作，但婚前幾乎百分之九十有做職業婦女的機會。所以也很可能還沒交到異性朋友以前，先有了一些男女同事，先與他們有了人際關係。以我自己的體驗，和男同事相處易，與女同事相處難。如果一個女主管能受到她的女部屬發自內心的敬愛，那她必定是個最懂得待人藝術的女性。


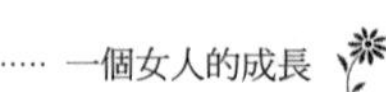

記得曾經讀到一篇外電報導，在國外某處舉行世界性的婦女集會時，由於參加會議的女性意見太過紛雜，又互不相讓，更談不上互相有理性的尊重，於是吵吵鬧鬧幾乎流會。後來還是一位男士上台平息紛爭，使會議繼續下去。這件事發生的時間和地點我早已記不真切，但這個十分諷刺的內容卻記憶深刻。

所以，從男女平等的遠景看也好，從個人本身看也好，年輕的女性在辦公室與女同事相處時，一定要互助互愛互尊；更要互相欣賞，互相扶持。而且是要真心真意，因為虛偽比「不為」更糟。講閒話、打小報告、看到比較有能力的同事升遷時扯後腿、情緒化的故意反對別人的意見等，都是在自相殘殺。

女性今天雖然在社會上大都做基層工作，但是只要大家一起努力，除了充實能力和知識以外，加上女性自己的團結，從簽名報到台轉向進入會場參與決策工作，絕不是不可能的。如果沒有這些基本的修為和認知，則即使勉強擠進會場，也極可能真像那位朋友說的「搞得亂七八糟」、「殘殺」得不可收拾。奠好基礎，才可期盼未來能承重任。

愛情·愛情

# 1 一個新的感情問題

十幾個編校刊的高中女同學，約我談談她們關心的「人生問題」。見面以前，這些同學曾彙集了其他同學想提的問題，因此她們強調所提的絕對有代表性。

據我的了解，大部分問題和她們這年齡的女孩子愛問的相仿，其中有一個卻是新趨勢，就是：如果將來專心事業不結婚，可不可以有情人？而且這情人也許是有婦之夫。

這問題讓我頗為躊躇。前一半「專心事業不結婚」沒關係，對現代女性來說，婚姻不是必須的而是一種選擇。後一半卻不是「可不可以」就能答覆的。提問題的同學說，她們聽到或看到有些年輕而且工作能力很強的女性，就是這樣生活的。這些「時代女性」一方面不必承擔婚姻帶來的責任，一方面又可以享受愛情和自由。事業帶給她們經濟上的自主，隨之也帶來行動上的自主，所以有不少同學很嚮往這種生活。

也許高中女同學離結婚還有一段距離，還沒能感受到「已屆婚齡猶未婚」的壓力，所以嚮往那樣的自由和自主。但是真正能十分瀟灑地面對那種壓力的女性並不多，婚姻仍然是大多數女性選擇的路。

再說，有一個「有婦之夫」的情人到底好不好呢？以我看到的例子來說，恐怕並不是百分之百的如意美好。其中最主要的關鍵，在於男女對這種愛情的價值觀不同，有婦之夫儘管不滿意他的妻子，也不會輕易地放棄家。而多數的女性在過了一場「地下妻」的生活以後，會產生要見陽光的慾望，會想要更有保障的名分，甚至要有一個她可以公開抱出去的孩子；而這些到後來大都不能得到。因為最後「他」會像浪子回頭般回家去，還受家人寬恕與歡迎，而「她」，卻只剩傷痕斑斑的心和感情。

除非根本不在乎的女性，這樣的自由和自主所付出的巨大代價是少有人付得起的，千萬要思考透徹，自己是否能無怨無悔。

2

愛情・愛情

# 小心「假性愛情」

近年來，暑假過後的大新聞是「墮胎潮」，從十幾歲到二十幾歲在學的女生都有。真不懂為什麼女孩子不知道在性行為的歡樂過後，承擔不小心預防懷孕痛苦後果的都是自己？墮胎在現代醫術上，也許是既方便又安全，但在心理上，真能「春夢了無痕」嗎？人性已經如此麻木了嗎？

我看婚前懷孕墮胎可能有兩種原因，一是年輕人要酷：「只要我喜歡，有什麼不可以。」懷孕有什麼關係，不就是去打掉嘛！

一是誤以為性行為就是愛，既然「相愛」就可以上床。暑假裡，異性同學會有更多時間相處，更多時間接觸，現代生活也提供了更方便上床的機會。有位從國外回來度假的朋友感慨地說，他在一家賓館等待登記住宿，只見進進出出的都是高中學生模樣的年輕人，大大方方手挽手，完全不躲閃。他並不反對婚前性行為，只惋惜這些年輕人太早有性行為，只怕不到中年，就毫無「性」趣了。在還不懂得真愛以前的性行為，絕對是一種假性愛情。

或許年輕人認為西方的青少年早就有性行為，幹麼大驚小怪。但老實說，很多中國女孩並不能像西方人那樣把性和愛分開，所以受到假性愛情的傷害會很深。更何況「只要我喜歡，有什麼不可以」這句話，只有成熟的成年人才有資格講。

發生「假性愛情」以後，自以為愛得死去活來的「愛情事件」，結果卻什麼也沒有！對比較重情而又專情，同時愛鑽牛角尖的女孩來說，是相當嚴重的刺激。也許會完全影響了對愛情的看法、對異性的看法，或是影響讀書的心情。

年輕時，應該是快樂而又健康的人生階段，所以要「慎始」。女孩子特別要避免受到「假性愛情」的傷害。用開朗但機警的態度接近男孩子，不要急著愛上誰或讓某個男孩一下子把你「據為己有」。

愛一個人要比發現不愛再離開他容易多了，若不幸愛上一個心性異常的人，則終身都賠掉了。

# 3 真愛不該傷人

愛情・愛情

幾個讀大學的女孩子寫信給我說，「假性愛情」固然會傷害感情，但真愛傷人更深；她們陷入了為真愛而痛不欲生的絕境，難道愛是專門折磨有真情的人嗎？對愛不在乎的人反而不會受到傷害。

她們的故事不同，但是痛苦的「病因」卻相似。那就是明明在一起是痛苦的，然而就是不能捨棄這份情，不能捨棄那個人。無論男女，有這樣的悲劇性格就很麻煩了。

故事之一是，女孩心軟答應了男孩「愛他就不應讓他痛苦」。獻身後一方面盼望男孩會因這層關係更愛她；一方面氣恨他只為性才來找她，又痛恨自己輕賤，在婚前這樣失身，又不願也不能離開他——因為還愛他，因為……她苦得要自殺。

故事之二是，女孩和男孩好到要談婚嫁了，才發現他不但脾氣太壞，而且愛喝酒。女孩不敢答應婚事，男孩保證會改掉壞脾氣，喝酒保證是純喝酒。女孩還是不敢答應，男孩於是脾氣更大。兩人在一起就為此爭吵痛苦不堪。而女孩依然在尋求幸福的保證，否則不敢答應結婚。

故事之三是，……不說也罷，反正是大同小異的。

我認為談戀愛要能多享受樂趣，少吃戀愛的苦頭，必須借用孫子兵法中的半句「知己知彼」做原則。知己，了解自己的性格和觀念，如果是做了以後會讓自己痛苦的事，抵死不從，寧可兩人吹了也不委屈自己；如果自己沒有勇氣反抗權威，就不必做「叛逆」的事。

知彼，了解對方是成年人，是個大部分性格都不可能改變的成年人。要接受他就接受他全部性格（包括觀念和習慣），他如果改變也不是由於你，而是由於自己的領悟和體認。你只要衡量自己能不能接受而不痛苦，來決定要不要繼續交往下去。

愛如果只有痛苦，就必須決心捨棄。除非是虐待狂對上被虐待狂，否則痛苦的人是沒有力量給人幸福的。捨棄的決心靠自己，別人幫不上一點忙。

# 4 當心特別照顧

愛情・愛情

有人說我寫「一個女人的成長」，似乎偏向於女人的感情。的確，那是由於我聽到的、看到的，以及讀者來信提的問題，都顯示一個女人如能處理好感情問題，一生中可能就沒有太大的痛苦。

但是我多麼期望有一天這「公式」會改變，女人生活的範圍應該更寬闊，內容應該更豐富，愛情就不是唯一影響苦樂的東西了。

每年高中職畢業的女孩子，除了一部分擠進大專，大多是走進社會，做的是起碼的職員。在職場上，一個男同事獻殷勤就不像男同學的殷勤那麼單純，所以到社會工作的女孩，更要保持機警。

剛到一個工作環境時，少說話多觀察，多親近女同事，對特別照顧你的男同事盡量保持適當距離。年齡大的男同事雖然絕大多數是基於真正關心愛護，卻也有以年齡及已為人夫、人父身分為掩護的，常使年輕女孩在不設防心情下接受照顧，以致惹來無窮盡的痛苦和麻煩，所以對他們多一分尊敬，自會產生距離。

最難對付的，可能還是來自上司的「特別照顧」；那會引起同事的「側目」，以及百口莫辯的謠言。應付的方法，我想有兩個重點性的原則。第一是裝糊塗。對他的「特別照顧」不要有特別反應，任何「弦外之音」都假裝聽不懂。任何時候都一樣，用最尊重的態度對待上司。

第二是縱然你十分需要這份工作，也不要讓上司看透這個弱點。越是怕失去工作越容易失去，因為這是可以挾持的把柄，一不如他意，他就可能炒你魷魚！

女孩子自己更要去除「受照顧表示我有女性魅力」的觀念。社會上比較有成就的女性，絕大多數是靠自己能力得來的。而且未來社會的趨勢，一定是男女互相照顧，是真正平等互助的。

初進入社會，眼花撩亂之際，特別要慎重處理任何牽涉到感情的問題。

5

愛情．愛情

# 對被拒絕的新認識

「被人拒絕是什麼滋味，你知道嗎？被你愛而也曾愛你的人拒絕是什麼滋味，你知不知道？」

她當然不是真的要答案，而且有答案又如何？談一個女人的成長，大約不能漏掉這一節——失戀。雖然失戀對男人也可能是無法描述的滋味，可是一般說來，受傷的程度還是女人比較嚴重一點。

這也是個老問題了，奇怪的是來信中發現，女孩被男友或未婚夫拒絕的理由是以前少見的，其中有嫌女孩學歷較低的；有的嫌她不夠能幹，口才不好；還有嫌她是獨生女將來不能擱下兩老不顧的。有一個與男友戀愛兩年多，已論及婚嫁的女孩最近被男友甩了，理由是他媽媽要他接受一個讀醫學院的女朋友，將來好和也是讀醫的他在事業上共同合作。

讀這些信讓我覺得女權運動硬是厲害，不但那麼多女性受影響，看來有些男性也受了影響。他們不再把未來的伴侶當做被撫養的「寄生物」，而是在找一個可以幫助他或合作的對象。雖然太勢利了些，卻未嘗不是一種時代的趨勢，值得女性注意。

被拒絕的理由不管有多少，滋味不管有多麼難以吞嚥，這只是一個必須冷靜面對的事實。不必說從今以後不再愛男人，不必問「我錯了嗎？」不必無奈地認為緣盡，當然更不必自卑，因為天下男人並不都是一樣的，誰對誰錯都改變不了事實，怨嘆則只會變得既消極又偏激。

唯一可做的是先慶幸「幸好沒有結成夫婦」，否則絕對不是好婚姻。我常說現實生活中，一對情人完全不可能像童話故事的結尾「從此他們過著快樂幸福的生活」，事實上很多人結婚後才是故事的開始。談戀愛，甚至到訂婚，不過是才翻開幾頁而已。這個階段誰拒絕誰都可以重新「安排」，拒絕人的不一定得到幸福，被拒絕的更不一定是不幸。

所以，為什麼不放開心懷，追求真正的幸福？

愛情・愛情

# 6 不尋常的愛

「我不知道該拒絕他，還是不顧一切地接受他，讓我為難的原因是他是我的教授。」師生戀愛是全世界最尷尬的一種愛情，即使在美國也會引起校方的干涉，有的學校就明白表示不許可。在國內也曾斷斷續續成為新聞報導的題材，當然顯示這種戀愛是不同於一般的。但是現在年輕未婚的大專老師越來越多，而成熟的大學女生也遠比過去大方，愛情往往會毫不顧忌的觸發。這其實也是基本的人性，我個人認為並不是什麼罪大惡極的行為。

不過這種形態的愛情卻有它十分「不便」之處，譬如說老師和學生當事人在課堂上就很難專心授課和聽課，考試打成績時也很難一視同仁全無私心。公開會引起非議，不公開又無法滿足相愛的願望——連約會也不方便。

如果只是老師一方的單戀，做學生的更是左右為難；不願意接受（拒絕），又

怕對方在成績上刁難。所以如在校碰到這種感情，那真不知是禍是福了。

由於有這些不便，我覺得單從女生這方面來看，一定要冷靜而慎重的處理。問問自己究竟在這份感情裡，真愛有幾分？敬佩有幾分？甚至虛榮有幾分？不可否認的一點是，女性在千百年來長期處於「第二性」的心態下，有時男性的優越條件，往往會引起女性愛情的錯覺。這種錯覺在真正結婚後，發現身邊人也像平常人一樣不過如此就幻滅了。

而一個眾人「仰之彌高」的老師愛上自己，也可能在下意識中會激起幾分虛榮意識。如果把這些都剝除以後，還剩下多少真愛呢？如果真愛不多，又何必在原可單純快樂的大學生活中，給自己找這些麻煩呢？

曾有女孩說她們不好意思拒絕，或不忍或不敢拒絕，而這往往就成了別人能抓住的弱點。弱點一暴露，自己就反而被利用了。

所以碰到不大「尋常」的愛情時，要抽絲剝繭地分析，要堅定果決的處理。有勇無謀，不顧一切的結果，受傷害的大都是女人自己。如果確有真情，讓他等你到畢業吧。

# 7 網路交友

愛情・愛情

我是一個電腦幼稚園小學生，我不敢完全拒絕電腦，因為那是現代人的生活重心。所以我知道上網是怎麼回事，媒體上時常報導有關網路的新聞。很多年輕人在網路上互傳笑話，發表意見、臧否人物、玩遊戲，還有——援交。網路世界的吸引力大過真實世界，所以有人會「陳屍網前」而不自知。

可以想像一個人坐在電腦前，打開網路，他就是個主宰。他性格上如果是害羞退縮的，他外表上如果是有缺陷的，一概不會呈現在別人眼前，這是一個多麼美好理想的世界。而且另有很多屬於網路世界的語言，可以讓網上的朋友更有向心力和凝聚力。年輕人沈溺在這個世界絕不是沒有原因的。年輕人在網路上找朋友，比在真實世界找朋友更容易、更自由、更自在，特別是那些不善於和別人相處的孩子。

但人有好奇心，有渴望看見網路朋友「廬山真面目」的願望，有和網路朋友面對面談天、手攜手共遊的願望。於是上當受騙，甚或失蹤的慘劇就發生了。在媒體上經常看到這類報導，而受害的大都是年輕的女孩。很久以前我曾寫過一篇〈給女兒也買部電腦吧〉，因為那時家中如有電腦，幾乎都是父親和兒子的專屬品，但今天我很想呼籲：「如果女兒沈溺在電腦上網交友，請帶領她們轉移方向吧。」

網上交友最大的危險是「不真實卻又真實」，不真實的是對方究竟講了幾句真話？根本無從了解那個人；真實的是的確有個人在網那端，那個真人會不會有什麼無法預料的行為？這不同於「虛擬實境」，只是滿足了自己的幻覺，不會跑出個真人來，而那人是自己完全不能掌握的。

友情和愛情都需要真實的接觸才能知己知彼，才能心靈交會，才能真誠坦白。這真誠坦白來自彼此，讓彼此知道對方的優缺點，友情和愛情才會有比較穩固的基礎，而在網上是很難很難的。縱然沒有上當受騙，沒有發生慘劇，但也沒有真正的友情和愛情。

如果自己已沈迷在網上交友，請檢視自己的心理狀況是否出現問題，空虛嗎？逃避嗎？過度好奇嗎？跟隨別人嗎？千萬不要「只要我喜歡，有什麼不可以」！

# 8 不必要的罪惡感

愛情・愛情

適度的「罪惡感」等於是良知的指示，可以約束我們某些不妥當的行為。但是我發現，由於傳統上對女性強烈要求「從一而終」、永遠不得背叛「她的男人」、做個烈女貞婦的觀念太深，時至今日，仍然有一些女性在這方面到了「走火入魔」的地步。

且慢罵我！我知道一定有人認為我不該批評對女性要求貞潔的傳統，然而批評這種傳統並不等於是鼓勵女性「性開放」，不能混為一談。在一個文明而講理性的現代社會，男女兩性都應該過合理公平的生活，這是一個先決條件。

有些女孩怎樣「走火入魔」呢？隨手拈兩個例子來談談：

一個是說她曾經與幾個男孩「好」過，不過他們並沒拉過手，只是說過話，看過電影。她擔心別人會不會因此認為她是壞女孩？最重要的是，將來她的男友如果知道她曾和別的男孩出去過，是不是就不喜歡她了？她因此苦惱而時萌毀滅自己的意念。

另一個是和男友交往中，好幾次都差點失去「女孩最寶貴的」。因此面對班上同學時，總有罪惡感和汙穢感；書讀不好，也不知未來人生還有什麼可追求的。

像這樣的好女孩，據我知道還有很多。我絕不贊成女孩隨便交男友（男孩豈不也一樣）；但交異性朋友卻絕不是罪惡，尤其在人與人接觸頻繁而密切的今天，與異性隔離是不可能的。光明正大的和異性交往，更是每個人成長中學習和人相處的機會，哪裡會罪該萬死呢？

而所謂「女孩子最寶貴的」，我們當然知道什麼意思。其實寶貴的是整個人，包括一個人的意志。「士可殺不可辱」，說明意志不可「強姦」。對女性來說，一個愛國甚或為國犧牲的妓女，她的人格可能高於得到一座貞節牌坊的寡婦。

在交友和談戀愛時，糊裡糊塗玩性遊戲會給自己帶來麻煩及情感上的傷害，但扯不上罪惡和汙穢。用虛幻的貞節牌坊壓住自己，和放浪到性泛濫，同樣都不是正常的人生態度。

自我建設

# 1 自重自愛

一位日本留學歸來的年輕女性，感慨地對我說：「比較起來，我國的女性真是受男性尊重得多，在日本幾年的生活觀察，發現絕大多數的婦女都沒有『獨立的地位』。婚前有職業的，職位低的要兼做工友倒茶的工作，而升遷相當困難，男女同職也不同薪。婚後幾乎都要放棄工作，直到孩子長大、已入中年，才能再到社會上就職。家庭事業兼顧簡直是不可能的，所以現在有不少事業有成就的婦女，根本不考慮結婚。

「一般主婦地位更低，除了教養子女外，丈夫服裝挺不挺、鞋子亮不亮全是她的責任。在家裡丈夫從不稱呼她，要茶只說個茶字、要飯只說個飯字的丈夫大有人在。百貨公司玩具部還特別標『男兒童部』和『女兒童部』，給男孩的是變化萬千的電動、太空、機械等玩具，給女孩的則千篇一律是洋娃娃、小鍋小碗小灶等，真是的……」她越說越激動。

其實，國情不同，據說日本婦女這種犧牲是他們社會安定最大的力量。只是日本男性居然不懂得尊重並感激他們的女性，這一點是我深覺不平的。也更讓我警覺到怎樣善用我們已經得到的某些平等和尊重，譬如說在工作時敬業的態度如何？結婚對家庭、家人付出多少？因為我同時聽到不少主管抱怨女職員的馬虎、怠惰，也有不少丈夫抱怨妻子在家氣焰太高——特別是某些有「才」和有「財」的妻子——因此而無法和平相處。

中國婦女能夠得到今天這種程度的平等和男性的尊重，除了婦女本身的努力以外，我國男性的了解以及觀念的進步確實也是一大助力，這一點是遠遠超過日本男性的。

在和這些可愛可敬的男性共同工作或同組家庭時，女性如果能夠多多抱著自重自愛的態度，我相信我們男女之間的氣氛會更祥和，生活會更合理。像任何問題一樣，自己的反省是重要的，一味責怪別人往往看不清問題的真相。對於將面臨就業或婚姻的女性，但願這一得之愚可供參考。

2

自我建設

# 情緒化是阻力

「春天後母面」、「女人心，海底針」，如果下功夫去搜索這一類形容女人善變的詞句和俗語可是多得很。曾經也有些生嫩的小男生寫信向我訴說猜不透女朋友的心，說「要」竟是不要，說「不好」卻是好，讓他們滿頭霧水。

用現在流行的名詞來說，我想可以說女性是比較「情緒化」的。女人不大容易「喜怒不形於色」，卻又不直接表達她真正的喜怒，這才讓不了解女性的另一性深覺不可捉摸。

有人說這是女人的天性，有人說這是女人幾千年來生活在各種壓力下，在各種縫隙中生存形成的「生存本能」。無論哪一種說法對，或互為因果，互有關聯，對現代女性來說，「情緒化」常常是一種阻力，阻礙了女性在各方面的發展。如果是一心致力於事業，情緒化當然是阻力，妨礙了自己用理性來處理問題。就算辛辛苦苦攀爬上主管地位，也很難得到部屬的推崇。如果沒有事業心，只要做個純家庭主婦，也會因情緒化而搞得婚姻一團糟，家人怨聲不絕。事實上，女性在家雖不是名義上的戶長，實際上卻是一家的主管，家庭裡的很多事，都是需要以理性處理的。

「情緒化」不等於女性的媚力，也不等於女性的特質，甚至也不等於撒嬌。只是一種無理性的待人處世的態度，沒有原則、沒有方法、自我中心、不識大體。今天可以的，明天也許不可以；自己可以的，別人卻不可以。不但旁人摸不清她，她自己也摸不清自己。

事實上有不少男性也是如此。但人家只批評他「像個娘兒們似的」，或還認為他是藝術家的脾氣。對女性的批評可就沒有那麼寬容了。也因此同樣是「情緒化」的人，男性也許可以得到更多的助力，而女人得到的卻是阻力。

現代女性要多培養自己的理性，刪減性格中情緒化的部分。不過偶爾鬧情緒，是人都在所難免，矯枉過正也不必。請記住，就只拿情感一事來說，婚前男友肯搜索枯腸來猜你的心意，婚後誰都不會再有耐心理你了。

3



# 自信心是絕佳的後盾

不成熟的人如有過分膨脹的自信心，往往流於剛愎自用。但是過度缺乏自信心不但在工作方面一事無成，也常常給自己增加麻煩和困擾。

單拿女人的外表來說，幾乎每個女人站在鏡前都能挑出外表上的缺點，都不會百分之百的滿意。也因此，只要是可以增加或保持外表美的產品，都能打動女人的心。女人要對自己的外表有信心，可真不是一件容易的事。

近年來，整形美容十分「紅火」，有位醫師大嘆：「當年我讀醫學院時，皮膚科幾乎很少人讀，現在可後悔了。」儘管有人整形整得嚇人，有人美膚美成了大花臉，有人吃減肥藥送了命，但女人為美仍然是前仆後繼。不景氣中，高價化妝品居然造成搶購。女人的自信心，是否都靠外表呢？

事實上，有智慧的女性懂得怎樣從其他方面培養自信心，我看過不少外表以世俗的標準評比的確有缺陷的女性，由於自己有專長或有豐厚的學識，她們表現出來的風度，在言談和舉手投足之間，溢散著美好而讓人舒服的感覺。你絕對不會「在意」她外表上的缺陷，反覺得她如果「更改」了某一部分，就真的成為缺陷了。我相信這是她的自信心對別人的影響，導引了別人的觀點。

有自信心的人知道怎樣處理自己的生活，從買一件衣服到談情說愛，她知己知彼，買東西不會受誇大的廣告影響，交朋友知道取捨，不受不相干的語言困擾。結婚生孩子以後，也知道用最適合自己的方式養育子女。

自信心要從小培養。如果不幸當年父母沒有注意到，那麼趁年輕的時候自己修練。很多專家寫了這方面的書，是自修的指引。缺乏自信心的人越老生活越痛苦，連金錢也幫不上忙。

女性自信心最容易崩潰的時候，是在感情受到挫折時。美女也難例外，但有紮實內涵的女性，就可以很快的恢復正常。

由於女性一生中扮演的角色繁多，更需要自信心來做有力的後盾。只是當心不要變成自得自滿，因為驕傲剛愎可能弄到孤立的地步。

自我建設

4

# 知識：獨立的基石

婦女獨立自主這股強大的潮流無人能阻擋，更何況種種事實也逼得女人必須獨立自主才能生存下去，無論已婚未婚，女人再也不能像傳統那樣靠在男人「肋」下生活，也無論一個女人願不願意，她必須面對這個事實。

一般說來，年輕的時候，知識大部分來自學校，或是過分精專於某些學術研究。但學校的知識往往和深廣的人生需要關係不多。如果女生在校除了教科書以外，不讀報紙、不上網尋覓其他知識、不進圖書館閱讀其他書籍，就算別人認為她是知識份子，她仍算是知識貧乏，就像偏食的人會營養不良一樣。

提到「知識份子」這四個字，總讓我想到出現在媒體上的知識份子，幾乎清一色是男性。女人受高等教育這麼多年，竟然沒有一人夠資格被稱為「知識份子」嗎？實在洩氣。看來受高等教育的女性仍需努力。

而女人要獨立，必須用知識做基石。譬如關於自己權益受到侵害時如何處理？自己的健康如何維護？在家庭和社會上角色如何定位？女性的權利與義務是否隨時代的改變而不同等等。

有人說，女人沒有收入就別談獨立自主，這也是部分事實，但有知識做後盾就有力量。知識可以讓一個沒收入的純主婦有對策，有對策就不會慌亂，不慌亂就有能力解決問題，就能維持獨立自主。她不是男人的「副件」，是和男人平等的完整的人。

「無知」往往是悲劇的根源，對自己的生理、心理的無知，常常使女性陷入絕境。

也因此大專年齡階段的女孩，無論是就學的、就業的，最好能放眼看看真實的生活，多吸收和生活有關的知識。單純情呀愛的書籍固然吸引人，但太虛幻，只在雲端上的情節實在不必花費太多的心血閱讀。應該多了解女性世界性的問題、時代的趨勢和未來的方向。縱使自己「命」好，也該明瞭這種種情況，才算是「真實的人」。

自我建設

# 5 該成熟時必須成熟

有些電視劇常把二十多歲的女性描寫成如十四、五歲的女孩，語言和態度都幼稚得讓人肉麻。曾經有些年輕女性和我談到這種情形時，很氣憤地說，最恨看到這些「三八」造型。其實「三八」比故作幼稚還可愛一點，因為那是發乎本性的。而一個人如能終身保持「赤子之心」就更了不起，這是最可愛、可貴的人性。

但是，二十多歲還很「幼稚」的話，就很讓人擔心了。在十八世紀的易卜生（Henrik Ibsen）時代，女人是男人的「小寶貝」、「小鳥兒」、「小松鼠」，他給她錢買糖、買衣服，他要她打扮得標緻讓他喜歡，她不用思想，他會替她想。「幼稚」成了取悅男人的條件，否則就會失去愛寵。

但是在今天，女性若了解自己的處境以及必須扮演的角色，就不敢也不能在應該成熟的年齡，還那麼幼稚得讓人不敢領教了。

使得某些女性永遠長不大的原因之一，當然是父母太過嬌寵。近二十多年來，富裕平穩的生活讓大部分家庭日子都好過，最大的壓力不過是孩子讀書的成績好不好。因此很多女孩也像男孩一樣，父母要求她們的也只是「好好讀書」。可惜的是單純的課本知識與豐富複雜的生活之間，有太大的距離，所以教科書讀得好的人，一旦離開課本就失去了憑依。在人生這浩瀚的大海裡，不免有些張惶失措。適應不了時，就可能影響一生。

尤其現代女性要適應的遠比男性複雜，譬如說女性在成長的求學過程中，只有一個目標——考好的成績，但是好成績在她未來的為人妻、為人母生涯中似乎不一定有直接的關係，她難免會受挫、沮喪。但是男生的好成績卻往往可以與他未來的事業銜接起來，使得從小追求的目標不中斷，反而更能大展鴻圖。

二十多歲是該成熟的年齡了，如果要為自己的未來奠好基礎，我們必須多吸收各種知識，多用思想，觀察生活中更深的層次，探索生命中更重要的意義。這樣，我們才不會年輕時幼稚可笑，年長時無知膚淺，永遠被譏笑為什麼都不懂的「婦道人家」。

第二篇

# 夏：成熟季節

一個女人成長到結婚的階段，按理說已夠成熟，也幾乎定型了。可是依據我自己的經驗，以及多年來接觸到的案例、一些專家的論著來看，結婚是女人一生中的分水嶺，也是女人第二度的成長。

從最表面來看，男人是把女人娶回家的。他婚後的生活環境不變，就算是在外另組小家庭，女人也還是進入另一個家庭，面對不同的人際關係。就算不冠夫姓，大多數人還是叫你某太太，而他仍然是婚前那某先生。男人則不必適應這種婚後環境的改變，當然更沒有面對公婆妯娌等心理壓力。

深入一點看，男人也沒有婚姻和事業的選擇問題，更不會因結婚而敲破飯碗。據說有些「老派」的企業老闆要重用一個男性員工時，還要看看他的家庭生活如何來決定。換句話說，好的婚姻可以幫助男人的事業，這與女人掙扎在婚姻和事業中是何等的不同？男人可以延續、發展婚前原有的事業，女人則要相當的幸運才行。婚姻讓男人的自我得到更充分的發揮，而女人卻雖緊捏著自我也不一定能確保不失掉。

至於結婚加在男女兩性身上的角色，又是大大的不同。丈夫和妻子、父親和母親按理說是同等的，但事實上繁簡之間天差地別。尤其是父母兩種角色，在大多數的情況下都是嚴於要求母親，而對父親通常認為站在輔助的立場就夠了。

舉出這些並不是抱怨男女不平等，而是希望能讓尚未踏入婚姻這道門的女性，了解一些事實。經過這道分水嶺以後，人生也許完全不同，因此有人說一個女人是不是幸福，要看她是不是有個幸福的婚姻，否則婚前任是父母的掌上明珠，只怕也落得痛苦終身。這話在今天雖然已不盡然，但不能得到一個好婚姻總是遺憾。

也由於這種種事實，女人在婚後等於第二度成長，成長的幅度遠大過男性。在第二度成長的過程中，父母的影響力小了，靠的是自己的學習和領悟，責任多在自己身上。

第二度成長

1

# 婚姻是實際加浪漫

農曆年前幾乎是結婚的「旺月」，有人連趕四個婚禮場子，而肚子卻只有五成飽。對絕大多數的青年男女來說，能結婚還是要結婚的。可是婚姻的擔子卻兩頭不一樣重，女性的可能要重過男性，這一點，新婚的和準備結婚的女性要先有心理準備。

在「白馬王子」快要成為歷史名詞的今天，大多數的女性對婚姻的幻想成分減低，取代的是比較實際的體認。有些未婚夫婦已經討論到婚後財務的問題、是否與公婆合住的問題，甚而生兒育女的問題。實際的體認有助於婚姻的維繫，這是年輕男女觀念進步的部分；但麻煩的地方是過分實際也會有害婚姻，兩情相悅仍然有賴於羅曼蒂克、不太實際的情愛來滋潤。

有了對象而且準備結婚的女性，在計畫花大把銀子把自己裝扮成世界上最美麗的新娘以前，可能需要先理性地認識一下未來這個不太好扮演的角色，以免登台之後演砸了。

首先需要的是膽量。電影上那種看到老鼠就嚇得爬上椅子鬼叫的女性是不能勝任的。今天的主婦，看見老鼠要設陷阱抓，看見蟑螂要敢拿拖鞋打，否則結婚前的「護花使者」不到幾年就厭煩你太沒用、太煩人了。

其次需要的是力氣。廚房裡種種用具，纖纖玉手無縛雞之力的話，儘管是在電器化的現代廚房，有時也會招架不了。我就看過連沙拉油蓋都打不開的嬌小姐，真替她擔心結婚以後怎麼掌廚。

有了膽量和力氣，可以應付千百種不同的任務，以上不過是舉一兩個小例子而已。這些全是婚姻中最實際的部分，能先體認，將來就不會有適應的困難。

但我不是鼓勵年輕女性個個成為孔武有力、雄赳赳的「女強人」，基本上男女有所不同，不必強求。所以在膽量和力氣以外，保留女性的羅曼蒂克不是落伍，而是最美的調和。

2

第二度成長

# 成熟的婚姻生活

我不知道是由於男女真的天生有別呢，還是女人傳統上必須察言觀色，才能在男人掌權的世界生存，因而養成比較細膩的心思？很多女性在結婚第一年中，赫然發現戀愛時體貼入微的男朋友，變成「點不透」的呆頭鵝丈夫。所以若說是天生，為什麼戀愛時懂得善體人意？難道真的只是動物求偶時顯露的特徵而已！由於這中間的差距，常讓不少女性產生結婚第一年「不能適應症」，總以為是丈夫變了心，或懷疑自己到底有沒有嫁錯人。

而更多的丈夫在妻子不斷地追問「你還愛不愛我」，或為生日、結婚紀念日沒收到禮物而生氣時，變得極不耐煩。有位男士憤憤地說：「她明知道我是愛她的，但是結了婚以後幹麼還老是要甜言蜜語呢？何必像老外那樣都要簽字離婚了，嘴裡還甜心、蜜糖的叫著？她為什麼不能實際一點呢？我們都已經結婚了。你們女人真是不可理喻。」

現在很多婚姻輔導專家，勸導夫妻「愛要說出來」。的確，夫妻之間相處的態度，也隨著時代改變和以往大不相同了，現代女性不再像以往那樣認命。但是我覺得常常要丈夫對你說「我愛你」的女性，也不免太缺乏自信心。更何況婚姻的確有更深沈的層面，一對恩愛的夫妻貴在從心底對彼此的關懷和了解。如果丈夫不再像戀愛時那樣殷勤，那顯示他不過像一般男性一樣，覺得結了婚就該全心全意發展事業，好像頑童長大，收拾玩心用功讀書了。通常女性是在有了孩子以後，情感才會落實在婚姻中深沈的那一面。

常有自信心不夠的妻子向我訴苦，其實婚姻的情趣不在乎甜言蜜語或小禮物，談心、散步、讀書、欣賞文學藝術、旅行等都是成熟的女人追求的婚姻，也該是這種有助心靈充實的婚姻生活。

永遠停留在十八歲的女性，可能無法長期承擔婚姻，她的丈夫會很累，她自己也永遠不能滿足。心理若是不能隨著年齡成熟，大都容易造成悲劇。男人女人都是一樣。

## 3

第二度成長

# 體貼的丈夫需要培植

曾經看過一篇〈結婚宣言〉，新婚夫婦把未來的家事列表分配：你倒垃圾我遛狗、你刷鍋碗我推草……雖是筆墨遊戲，但是可以看出婚姻中很多小事需要兩人好好協調。

為什麼有些女人覺得婚後丈夫不像熱戀時那麼愛她了？這是因為有些男人不知道婚姻生活的厲害，婚前愛人要求他做什麼都一口答應，婚後才發現那些「小事」真會煩死人。而且大多數男人受母親重男輕女的影響，熱戀時答應做的事，這時一點點地認定那都是太太該做的了。更有些男人當時答應的心態是像小和尚唸經，有口無心，婚後當然不願履行諾言。

「愛」這個字在婚後表現的方法，已然和婚前不一樣，不再有小心翼翼的陪伴和獻殷勤了。

人不能選擇自己的性別，生為女性，從出生到還沒有行為能力以前所受的不平等，自己常常無力改變，但是從結婚那天開始，女性要立下創造一個真正平等的家庭的決心。侍奉公婆也好，對待丈夫也好，還有將來養育子女，都必須做到真平等。不錯，這是一項很艱鉅的工作，然而對整個女性的未來都有影響，因為你在培養有平等觀念的下一代。

紙上的「結婚宣言」也同樣不會真的有約束力，所以新娘子要有心理準備，準備用愛的技巧——包括誠心的讚美、真摯的感激，誘導丈夫學習體貼，學習協助，學習支持。不要為了表示愛他，什麼事都一把抓，他說什麼你應什麼，那就變成父母溺愛子女的愛了。一個被慣壞了的丈夫，可能就會在日後製造家庭問題。

一個家庭的成長就像橄欖核，人口和家事都是兩頭尖尖中間粗大。新婚時由於愛情濃，空閒多，你有心也有力包攬一切，但以後你會發現，縱使筋疲力竭也做不完。這時才知道一個體貼支持你的丈夫有多重要，他是你對婚姻維持信心和興趣的最大原動力。

這些，是要靠女性培植、耕耘才會有收穫的。

第二度成長

# 4 請不要讓柴米油鹽淹沒

結婚以後，很難不碰到柴米油鹽。不過有些年輕夫婦家中幾乎不開伙了，漂亮的小廚房燒燒水泡咖啡而已。但是對大多數家庭來說，柴米油鹽仍然是組成家庭的要素，仍然是大多數女人在家掌管的大業。而且在碰到事業和家庭難以兼顧時，很多人仍然選擇放棄事業。

因為大多數的女性很難毅然甩掉幾千年傳統的認定——女人應以家為重。如果硬要她們甩掉，有時可能會造成心理困擾，這也是社會轉型期女性的無奈。我們也特別盼望沒有這種「心結」的男性，對妻子有更多的尊敬和體貼。

但是一個成熟的女性在這種無奈中，在為了承擔傳統重任而必須做一個純家庭主婦時，不會讓柴米油鹽的瑣事把自己淹沒！她們知道如果不在這些瑣事以外尋找一些超越它們的東西，則日久一定信心全失，變成一個閉塞、瑣碎、無知無趣的女人。這也是為什麼常常很多傳統標準的賢妻良母，把丈夫侍候得無微不至，卻毫無道理的慘遭「失夫」之痛的原因之一吧！

只有柴米油鹽瑣事的生活有時是很好過的，買買菜、逛逛街、睡睡覺、打打小牌、看看不用腦筋的言情小說，一天、一月、一年很快就溜過去了。等「世界」變了，逼著你從這些瑣事中掙出頭時，那才是呼天不應，叫地不靈呢！

也不是說過得「現代而又充實」的主婦，不會遭到「失夫」的境遇，但由於你平時生活中有自己的天地，有自己的中心，有丈夫孩子以外的寄託，意外來到時你不會張惶失措，不會過分悲痛絕望。站起來也更快些，更穩些。

可喜的是，越來越多年輕的主婦在柴米油鹽、奶瓶尿布之中，擠出時間參加婦女成長團體，參加讀書會，做學校義工。持續學習以前在職場上的知識和技術，以備日後有機會時立刻可用。

所以請不要讓柴米油鹽淹沒！在生活中尋找一點需要挑戰、需要用腦筋、需要一點壓力才能得到的東西。那麼放棄職業也並不等於放棄努力、放棄人生，仍然是新時代的女性。

5

第二度成長

# 面對不孕的人生缺憾

我雖用「缺憾」二字形容不孕，但我不認為那是不能面對的情況，也不是人生的絕境。更何況兒女絕不是婚姻的保障，多少夫妻在生兒育女的喜悅過後不久，就鬧婚變而造成不少心理障礙的孩子。因此有人說生育不過是自私的基因，為了傳續生命而鼓勵人類的行為罷了，所有的生命都落在這個模式裡。

但不孕卻為女性帶來痛苦，過去不能生育的女性遭遇的命運是被休掉，或接受丈夫納妾，屈辱當然是深重的。今天治療不孕的方法多了，不孕女性的命運當然隨著改善。但是醫生也表示，任何方法都不見得能百分之百的成功，在這種「缺憾」之下，不孕婦女仍可能有受屈辱的命運。

真正能尊重妻子不願生孩子的丈夫，只在知識份子中占極少數；真正能坦然接受不孕，並不影響夫妻感情的，也是少數人口；真正能面對不孕而不心情惶恐的女性，更是少之又少。我知道不少夫婦因不孕而苦苦求醫，以致影響到正常的生活，其中女性受的痛苦（包括各種治療）當然超過男性。

女性對這些痛苦能忍受下去，除了孩子本身是一股強大的吸力以外，傳統對婚姻、對夫妻的定義都是強大的壓力。兩股力逼著她承受痛苦。女性總覺得「生個孩子才算完整」，而且已成了時髦的風氣，連好萊塢一些美艷女星，都唯恐別人不知道她能生孩子。

在中國的社會裡，不孕婦女更要接受上一代公婆的壓力。一個能力再強、再會賺錢、再孝順的媳婦，如果「生不出孩子」，其他的全部不值一提。

在傳統和現代都「努力生育」的情況下，如果一個女人不能生育，就必須勇敢地面對，也應該獨立思考、明晰判斷，並且和配偶理性的商討，雙方共同努力做決定。現代女性與過去女性最大的不同，就是我們可以有自由意志，做我們認為適合自己的事，不再受不合理的「別人的意志」支配我們的思想行為。女權運動者呼籲婦女爭取生或不生的自主權，我們要投同意的一票，否則不孕的婦女可能會精神崩潰了。

第二度成長

# 6 不要說無奈

儘管今天大多數的女性已不抱著和白馬王子「從此以後過著快樂生活」的幻想結婚，但是「以為」並且「相信」會有個美滿婚姻，依然是大多數未婚者結婚時的「動力」，否則誰願意走進禮堂呢？

有些人在幸運加上雙方的用心經營下，果然享受著美好的婚姻生活，但也有不少人發現掉進痛苦深淵。這些人有的拔腿跑掉，有的死心蹋地認命，有的則哀嘆無奈。跑掉的忍了斷腕之痛後，也許又開闢一片新天地；認命的把痛苦讓上蒼分擔；唯有那些既沒勇氣跑掉，又不肯咬牙承受，只讓無奈沒日沒夜啃嚙的人，我覺得最是痛苦。

這一類的女性中，有的是與婆婆或其他家人關係惡劣，但是和丈夫還有感情，更捨不下子女。於是自己努力逆來順受，委曲求全，卻總是無法改善。這時就會抱怨為什麼別人不能像她一樣，也知道忍讓、體貼？

忍讓、體貼可以算是成熟人格中的一部分，然而真正成熟的人也會知道，只是抱怨或期待別人懂得忍讓、體貼，卻沒有具體的行動幫助，甚或帶點強制幫助對方改變（何況改變是如此困難，甚至不可能），那幾乎是不會有結果的。

有些成年人的成見是多年凝固而成的鐵石，極難化開分毫。這時候任你怎樣委屈也無法「求全」，不如改變方式，用瀟灑幽默的態度，或用堅定講理的態度。過去如果是常常向丈夫訴苦的，現在絕口不說，反過來大大誇讚婆家人人都好、都可愛；過去一受委屈就流淚暗哭的，現在把種種誤解當笑話看。

逆來順受和委曲求全是過去對媳婦、妻子的要求，今天的女性不必再秉承下去，因為這對人對事都不是解決的方法。家人相處固然不能事事都爭個理字出來，但是像誰都敢捏的爛柿子一樣，也往往會助長欺凌者的惡風，使對方混淆了是非黑白，在品德上有了缺陷而不自知。

所以，不要消極地哀嘆無奈，只期待別人改變，要積極的先改變自己，堅強的面對問題。

7

第二度成長

# 知識不會教壞女人

「有些女人本來活得好好的，很滿意自己生活的環境。現在被你們一嚷嚷，就也爭這爭那起來了，又要辦什麼夫妻財產登記，又要爭什麼自我的，弄得天下大亂。」我不止一次聽到有一些男性這樣抱怨，他們可能是好男人，卻是不成熟的男人。以為捂住女人的耳朵，矇住女人的眼睛，女人就乖乖在家做賢妻良母了。但在知識爆炸、資訊快速的時代，稍稍受過教育的女人，誰也擋不住她「耳聰目明」地活著。她應該享有的權益誰也不能、也不該剝奪。「愚民政策」今天不但不能用來施政，也不能用在家庭裡。

如果某位太太因「知」而發現自己原來失掉這麼多「人權」，進而爭取的話，那表示「亂源」早就存在於那個家庭、那對夫妻之間了。

妻子的滿意事實上不過是一種表象，甚或是無奈和認命。她的內心可能像一座表面沈靜的活火山，不知什麼時候會爆發。不乏女性在五、六十歲子女長成以後，堅持要離婚。我問她們為什麼幾十年婚姻生活都能承受，快到晚年反而受不了？她們說以前忙著照顧孩子，從沒時間和心情想到自己；現在孩子「脫手」了，才發現自己的生活多年來有多委屈，多麼不能忍受。

如果一對夫妻之間沒有那「亂源」，那麼任何「新知」也不會影響她。絕大多數的女人一旦有了家以後，都會死守不捨的。只要能忍受，她不會輕易放棄她的王國。相反的，她會從種種知識和別人的經驗或建議中，時時充實自己，修正自己的觀念，肯定自我的價值，認清自我的角色，做一個真正成熟的女人。

這樣的女人不會無理取鬧，不會逃避責任，不會成為丈夫的包袱。她因為懂得自己在婚姻中的權益，進而了解自己在婚姻中的義務；也進而更能體諒丈夫在婚姻中也背負不輕，她盡力做一個最好的「合夥人」。

真正把知識消化了的人，絕對會隨知識增加而成長、成熟。只有幼稚、無知的女人才會在知道一點點「女權」後，把天下弄得大亂。所以男人不必害怕女人有知識，有知識的女人不但自己可以活得好，也會做男人最好的朋友或合夥人。

# 8 成長，請從參加社團做起

如果用「修身、齊家、治國、平天下」來形容女性成年以後的進步歷程，據我了解，大約百分之七十的女性正在努力修身、齊家。放眼看世界，像世界上幾位女性領袖，躋身於治國行列的，畢竟是少數中的少數。

不過，治國也不是總統或首相一個人的事，我們甚至可以拉低縮小到每個人所做的工作，都與國家社會息息相關。但是單看國內女性除了家事和職業以外，關心和參與社會的情形似乎還嫌不夠。有些女性成長團體，大家聚會互相鼓勵學習，並且邀請專家演講，增進教養子女、夫婦相處等學理和方法；的確讓參加的女性加強了自信心和拓展了知識。成立較久、有經驗的團體也做了一些關懷社會的工作，像送書到離島小學，捐助獎學金，到老人院和孤兒院去慰問等等。

因此，儘管大部分女性成長團體還是著重於修身齊家，但是有起步總比不起步好。而且團體之間也可以互相溝通，彼此學習。所以每一位成年的女性，最好都能參加一個或更多的團體，或是在自己居住的社區，組織一個團體。特別是空閒時間較多的純家庭主婦，只要有人發起，一定會有人參加。

我們可以從關懷自己的社區開始，社區內的治安、環境、交通等都是需要關懷的問題。如果發現不理想，就參與改善的工作。近來有些女社團的成員在自己成長到成熟以後，已經有能力參加專業的輔導人員行列，像擔任生命線的志工，就是很了不起的轉變。

但是仍然有純主婦朋友來信談到，生活中除了相夫教子以外，究竟還有什麼能做的？不斷學習固然是值得努力以赴，但是付出關懷和實際去做，會更有收穫的喜悅。

如果我們永遠停留在修身齊家的階段，那和我們的老祖母並沒有什麼差別，我們的進步也等於停滯不前。一個現代女性的成長，不應只局限在這種程度，教育普及、經濟獨立、觀念思想的改變，都讓我們能更跨出一步。請先從參加（或組織）一個社團做起吧。

第二度成長

# 9 應變和選擇

一個人的性格不容易改，但是觀念可以改，而且越是能適時改變觀念的人，越能夠適應並解決他面臨的問題。

如果用舞台和戲劇來形容人生的話，夫妻可以說是搭檔最久（假如不離婚），也最密切的同台演員。在長達幾十年的演出當中，基本劇本不會改變——維持一個美好的婚姻——但是一定會出現外在環境改變的干擾，而影響到兩個演員的情緒。

譬如說一對夫妻剛結婚時，雙方都認為他們可以按「男主外、女主內」的傳統生活。然而逐漸地家庭人口增加，經濟負擔加重，妻子必須外出工作分擔。這時如果仍然執著當初的觀念，男方會產生不情願、慚愧、無奈等情緒，而女方則感到委屈、疲累、有罪惡感等，因為到今天，仍有些男方認為「養不起老婆」很丟臉，女方認為沒有完全盡到家庭主婦的責任而內疚。

其實不只大環境不斷改變，任何一個家庭的小環境也不斷在變，「應變」自然十分需要。

再譬如對孩子教養的期望，剛出生時父母「理所當然」地期望他讀書成績好，一路順利地考上好學校，然後放洋深造。然而隨著孩子的成長，父母會發現連手足都有不同的個別發展以及不同的性向。父母如果執著於當初的期望來勉強孩子「就範」，成功極可能無望。

朝積極面看，現在比起以前，社會上逐漸不再重視名校、成績好等背景，而重視真才實學，如職校生出路越來越好，父母若不能應變，結果是兩代都痛苦。可怕的是，那孩子說不定走上危害社會的歧路。

在漫長的演出期間，這一類例子多的是，成熟的人懂得適當應變，也懂得「萬變不離其宗」，不忘基本劇本是維護家庭和婚姻美好的條件。對個人或家庭的不良變化，則不但了解並有決心摒棄，因為並不是每一種變化都是有益的，毫無主見的「人變亦變」，絕對有害無益。

成熟的人知道應變以外，還知取捨，不會照單全收的。

第二度成長

# 10 家中女性的人際關係

儘管小家庭越來越普遍，但是存在於女人間千古難解的「婆媳問題」，仍然困擾著現代女性。

除此以外，姑嫂、妯娌等女人和女人之間的人際關係，也讓不少現代女性在嫁到一個家庭以後，影響她的心情和生活。

「女人的敵人是女人」這句話，往往在家庭中更加顯著真實。婆媳則是頭號敵人。這場敵對戰中，不一定都是婆婆占上風，有經濟能力的媳婦也常不把婆婆放在眼裡。但無論誰勝誰敗，如果不能「化敵為友」，就是家庭的危機。

至於姑嫂、妯娌，由於來自不同的家庭，性格、觀念等自是不同，有時為了各自的利害關係而彼此明爭暗鬥，要結成真正的朋友必須花費一番工夫。在我的讀者來信中，妯娌不和的原因還包括家世地位、陪嫁多寡、學校文憑高低等，常見富的壓倒貧的、高的壓倒低的。婆婆會勢利偏心，丈夫日久也會因為妻子變得驕傲或自卑。而姑嫂之間有的卻特別和諧，因為哥哥娶的是妹妹的同學，或同學的姐姐等，反不像以往那種「小姑難惹」了。

從這些情況來看，中國人的婚姻依然是「兩家人結合」，而不僅僅是兩個人的結合，沒有太大的改變。也因此，進入一個新家庭以後，女人要「籠絡」的不是這家的男人，倒是這家的女人。

現代女性在處理家中「女性人際關係」時，和過去也許會有些許不同，如果能用明理明辨代替一味溫順、用公開討論代替蜚短流長，可能不會讓自己太苦，也不致引起家人間的勾心鬥角。而溫厚、體諒、熱忱、坦誠等人性的光明面，也一定要保持並發揚。

總之，女人若要女人的未來更好，則不論在哪種環境，都應該彼此互助合作。如果還有《孔雀東南飛》那樣的故事，那是女性之恥。為利害而自相殘殺，那是女性之悲，都不是現代女性的作為。

# 11 早占一席之地

第二度成長

這個題目並不是鼓勵妻子要在家中霸占地盤，不過無論婚前是多麼恩愛，只能算是感情的基礎，不完全等於婚姻的基礎。婚姻的基礎要從結婚那一天開始，一點點、一滴滴去摸索，去碰撞，去試驗，慢慢奠定的。這過程會充滿酸甜苦辣，很多滋味都可能是婚前戀愛時沒嘗過的。

其中，為自己在這個婚姻中占一席之地，是一件重要的事。

在心靈上，一定要保留一部分完全屬於自己。愛丈夫，愛他的家人，但別忘了愛自己。愛自己不是為自己爭什麼權利，或享愛什麼，而是長保一份心靈的清明、美好，不受煩瑣的家務侵蝕。

為什麼很多女性在結婚幾年後，完全失掉當年的清純而變得庸俗？青春的消失只不過是部分原因，大部分還是婚後的女性聽任瑣務腐蝕，把少女時愛美（心靈的）、愛詩、愛夢一類的愛逐漸拋棄得無影無蹤。

當然，我們不可能永遠像二八年華時那樣「不食人間煙火」，但是我們可以在成長後把這些落實為行動，那就是不停止的追求知識，包括藝術文學。不讓廚房裡的煙火把我們的心靈燻黑，那不是靠化粧品、衣飾美化的，只有知識才能讓女人不俗。

其次是不管家務多少，要為自己劃出一席之地。我常常覺得現代的房屋設計，就認定了女人只在廚房和臥室打轉。他們會為男主人設計一個書房（雖然他不一定讀書），但絕不會為女主人設計一個角落，在這個角落裡女主人可以純粹做自己的事情：看書、寫信、聽音樂，或者只發發呆休息一陣。只要運用一點巧思，其至廚房、臥室，或客廳的一角都行。雖然主婦「統治」全家，但那都是和家人共享，這和有一角屬於自己是完全不同的。

為自己早占一席之地，可以預防未來的心理障礙。多少中年婦女在子女長大、不需要她照顧食衣，丈夫事業她插不上腳時，常會回顧半生全奉獻給家人，絲毫不曾為自己活過而覺得委屈、空虛，所以未雨綢繆是需要的。

# 12



# 進文化場合要像上市場

大多數女人一結了婚，就一頭栽進一個以丈夫為中心的圈子裡。如果她有職業，那麼還好還有同事在圈子外圍，但是她婚前的好友可能因彼此丈夫之間沒有聯繫就逐漸疏遠了。一個主婦會經常在家燒幾道好菜，由丈夫邀請他的朋友來家小酌，卻很少有太太特地為自己的朋友在家擺上酒菜的。

這是普通生活上的寂寞，若想要在婚後有三兩個興趣相投的朋友排除精神上的寂寞，更是難上加難。

曾經有位林女士的話，最讓我印象深刻。她坦誠地說：「像我這種家庭主婦，對參加文化活動實在有心，錢也不成問題，可是沒有伴，自己常想一想又不去了。家裡附近有文化中心，孩子和我都很想去借書看，可是又要照片，又要辦手續，很不方便。還有，像我這樣的家庭主婦，很少人去使用這個文化中心，我想想也不好意思去了。」

的確，一個女人有勇氣獨自上菜場、上百貨公司，卻缺乏上圖書館、畫廊或文化中心這類地方的勇氣，我想根本原因仍然是傳統角色認定的後遺症。菜市場、商店是女人必須去的地方，而文化場合是男性天地，一個女人去的確需要勇氣（中年女人似乎尤其缺乏這種勇氣）。婚前志同道合的同學朋友，也由於婚後各自有個以丈夫為中心的圈子而難越雷池，於是那一類傳統上不屬於女性的天地，縱然在現代社會裡也少見女性足跡。

然而，我們若決心做一個現代女人，不論教育程度如何，只要覺醒必須吸取知識，充實內涵，馬上就要積極行動才會有收穫。我們要自我訓練，用成熟的態度面對這一道「不好意思」的障礙。為了增加勇氣，不妨先從近鄰中找一位互相鼓勵、互相扶持。等到習慣進出那片天地以後，也就會像上菜場、逛百貨公司一樣地自然了。

在成長的過程，吸收知識是絕對重要的，同時也是為晚年未雨綢繆。

第二度成長

# 13 讓全家人走入廚房

婦女節前後，從各種傳播媒體上看到很多女性或接受訪問，或發表文章，無論問的、答的、「自說自話」的，常見到女強人、家庭事業、發展自我等名詞。幾位純家庭主婦對我發牢騷說：「我們這些走不出廚房的女人似乎沒人會注意，難道我們就不重要了？」

其實，結了婚的女人誰又走出廚房啦？而且為什麼要走出廚房呢？人除非可以不吃飯，否則廚房永遠是家中重地。很多年前我讀過一位母親寫的文章，描述她每天下班回來在廚房做晚飯，丈夫孩子陸續回來後都鑽進廚房來，一邊幫點小忙，一邊和她談這談那的，整個廚房充滿歡樂，伴著一道道熱騰騰端上桌的菜，拿筷子擺湯匙的聲音，真是溫暖極了。

這樣的廚房是人間樂土，為什麼要走出去？

現代廚房應該寬敞、明亮、整潔，能容得下全家人在裡面活動。母親不但不必走出去，還要用種種技巧把家人吸引進來。這塊樂土應該是全家人回來後第一個喜歡進來的地方，主婦當導演，全家人可以即興演出，讓他們接下鍋鏟，表演一兩道菜。事實上現在的男人有很多人的掌廚藝術十分了得，只要他們願意並且喜歡做，他們的成績就會有另一種成就感。怎樣誘導他們經常願意並喜歡進廚房，就全看主婦的功夫了。有些主婦把廚房當做自己的「轄區」，不願丈夫和兒子來攪和，一方面卻又怨廚房埋沒了她，豈不是矛盾？或是成天抱著不甘願、委屈的心態在廚房打轉，然後羡慕不進廚房的女人「好命」，就更是一種自尋苦惱的生活態度了。

儘管科學家預測未來的廚房不再用來煮飯做菜，只是一些儀器烘熱已成形的食物，在幾分鐘內就可享用一席佳餚，但只要活著，我們就需要一個溫暖、祥和的進食地方。如果每人端一份食物在自己房間吃，那也就不必要結婚成家了。既然家裡不能沒有廚房，既然家人需要廚房，我們為什麼不積極的面對廚房？不但不要走出去，而且讓全家人進來。把廚房從佈置到氣氛都變得更美好，可以測驗出一個女人的成熟度。

14

第二度成長

# 保護自己的巢

不能和諧相處的夫婦，在還沒有孩子以前，比較能夠瀟瀟灑灑地接受用「合則留，不合則分」的方法解決。但是與一個人結成夫妻，未嘗不是一份值得珍惜的緣分，在孩子來臨以前，如果能好好把不和諧的成分一點點消除掉，也可能是一個白頭偕老的婚姻，並且為未來的孩子準備一個適合他正常成長的環境。

而沒有孩子以前，夫妻間的問題也比較單純一點，除非雙方的父母親或親戚介入太多。這種介入如果有適當的程度，可以增加小夫妻之間的生活情趣，甚至還可以沖淡夫妻間某些不愉快的情緒。但難的是有些人硬是不知道適當的界限在哪裡，所以才會有不准兒子媳婦晚上關門睡覺的婆婆、有認定哥哥嫂嫂該負擔他食宿的小叔及小姑、有不借錢給他會罵人的親戚。結果把人類原來互愛互助的美德，變成糾結難解的死結。

無論是在怎樣的情況（戀愛、介紹、相親等）下結成夫妻，組織一個小家庭（或在大家庭中組成「一房」）以後，夫妻都要有個共同的心願，盡力保護這個屬於兩人的小巢，因為要在這個巢裡養育下一代。縱然不養育下一代，也是夫妻兩人在塵世間的小小樂園。看過一些小巢的破碎，就是因為外來因素造成，所以防微杜漸是很重要的。尤其今天大多數女性還是把一個幸福的家，看成是終身的寄託，就更需要多付出一些心力來保護自己的家。

如果發現親友有不合情理的要求時，就要溫婉而堅定的拒絕，不能抱著明知不合情理卻委屈，甚至痛苦的接受，幻想「以後會好轉」，結果大都是不可能的。如果親友是丈夫那一方的，拒絕也許會引起丈夫的不滿，但接受卻極可能破壞了小家庭。至於丈夫的不滿，可以用柔情、用解釋等方法化解，只要沒有外來因素，總是簡單多了。

當然，自己更不能把外力帶入，娘家的財勢是娘家的，不能依仗；娘家的困難可以衡量能力，並且在和丈夫商討後協助解決。這不是自私，因為只有在自己的巢穩固時，才能有餘力拿出去。

另一半

# 1 成熟有助婚姻的穩固

各式各樣性格的人，組織各式各樣的婚姻。我常常在傍晚回家的時候，看到別人家窗內透出的燈光，猜想那是怎樣的人，組成怎樣的家庭，這是很有趣的想像遊戲。

虐待狂配被虐待狂，沈默的配話多的，不愛動的配愛活動的……有時候這些人組織的家庭倒也能維持一輩子。不過就大多數來說，婚姻能不能穩固？子女有沒有正常的成長環境？可能靠的還是夫婦雙方心理是否夠成熟。

一個人的心理是不是成熟，可以從他婚後處理夫婦間的金錢看得出來。不成熟的人比較自我中心，沒有安全感，往往誤以為掌握了所有的錢財，就能穩固在家裡的地位，因此「你的是我的，我的也是我的」，配偶要想從他手上拿點錢就等於分割他的地位。心理不成熟的女性可能會有兩種情況：

一是自己有職業、有收入的，由於存著「丈夫該養家」的傳統第二性觀念，認為自己賺的錢頂多貼補家用，不該全部拿出來，否則「嫁丈夫是為了什麼」？

一是純主婦，收入全是丈夫的薪資，更增加了不安全感，非把丈夫所有的收入「搜刮殆盡」才放心。成了電視連續劇裡典型的「悍婦」，卻不一定能保住她在這個家庭裡的地位。

我覺得處理婚姻中的任何問題都像處理錢財一樣。不成熟的人使問題變得複雜難解，變得使雙方痛苦而影響感情，動搖婚姻的基礎。如果夫婦中有一人不成熟，就算兩人原本是你儂我儂，也經不住一磨再磨，最後反目成仇。

女性在結婚以後，應趁著雙方情意尚濃時，處理好與丈夫的錢財問題，感情淡時這問題就敏感了，不好處理。

有位讀者問為什麼報章雜誌上的文章，都在教女人要如何如何，卻不教男人也該如何如何。這當然是不公平的，但是占一半人口的女性必須先成熟、心理健康、思想進步，才有能力改變所有不合理的現象。

另一半

# 2 幽默就是力量

最近聽到一對夫婦要離婚，男方的理由是受不了妻子成天拉長臉，讓他像天天生活在陰天，恰像有個「債主」睡在床上。當然這構不成離婚的理由——至少在我們的法律下。其實據認識他們的人說，那位太太除了「臉相」不好看以外，卻是很賢慧的妻子。十分勤儉持家，對丈夫更是聽話到有點敬畏的樣子，所以把家整理得沒話說，也能燒一手好菜，而且五官端正。

說實在的，夫妻間很多問題別人很難體會透徹。但是和一個沒有笑容的人做配偶，在這樣一個緊張忙碌的社會裡，可能真會讓大部分人吃不消。我曾接到過一些做妻子的抱怨信，說他們的丈夫沒有半點壞嗜好，也相當照顧家庭，就是回來後還正正經經的，讓她們不知道怎樣引起他談話的興趣，而使整個家庭生活乏味無聊。

曾經讀過一本書，名叫《幽默就是力量》（*Humor Power*，中譯本遠流出版），我想在家庭中尤其需要這種力量，來讓家真正成為溫暖、舒服的窩。不過真正的幽默卻是成熟而有智慧的人才能掌握真諦的。那不是油腔滑調的耍嘴皮子，也不是尖酸刻薄的譏嘲，而是在溫柔敦厚中用靈慧的「心眼」，找出生活中有趣的事物，讓人聽了會心一笑，或忍不住捧腹噴飯，同時不忘：調侃自己遠比調侃別人更能得到幽默的效果。

有人說，懂得幽默的女性比男性少，如果是真的，那是由於女性傳統的包袱太重，再加上心胸和見識都比男性較窄淺，日常生活瑣繁的結果，不是智慧不如。我覺得成天笑臉迎「夫」倒也不必，但是不妨學習怎樣用輕鬆幽默的態度與丈夫（包括其他家人）相處。

當然生性和成長的環境拘謹嚴肅的人，要改變是十分困難的，但是這也是成熟的特質之一，多讀點幫助自己成熟的書（好小說也有專業書的功效），多關心家以外的世界。對鏡子練習微笑是一個最實際的方法，你會發現笑的臉一定是比較可愛的。經年累月持家相當辛勞，笑笑也可以取悅自己。

3

另一半

# 幫助他成熟

馬克．吐溫（Mark Twain）有幾句話描述他們夫婦之間的不快：「娶了個像母親一樣的太太，下班回家後替他拿拖鞋，照顧他，卻不准他抽心愛的雪茄煙。」據說愛因斯坦（Albert Einstein）對這幾句話深有同感。

太太看了當然生氣，不准他抽雪茄是為他好，不關心他的話就不顧他死活了，他愛抽就讓他去抽！

女人在家裡對丈夫或子女往往是「愛之深，管得多」。全家人的衣食住行自不必說，都是女人份內的事，丈夫的嗜好也必須在管轄範圍以內，才算是賢妻。但是如果每位太太冷靜地想一想，丈夫的嗜好你究竟能影響多少呢？婚前壞的嗜好，譬如吃喝嫖賭，那不會因結婚而改掉，好的嗜好結婚後也不見得能因你而培養出來。所以如果一味從表面上來管轄，或禁止，到頭來不是鬧翻，就是睜一眼閉一眼過下去。

不過我不是消極地建議女人不關心丈夫、子女，只是奉勸女人婚後要了解，維護兩人之間的感情，遠比直接管他更容易讓他改變自己。

老實說，每一個成年人大致都懂得什麼該做，對自己（或家人）有益，什麼不該做，有害，只是不成熟的人缺乏行為的勇氣和自制力。如果妻子能在這方面幫助他，對他才是根本上的幫助。不准他抽雪茄，就不如幫助他下決心戒雪茄，並幫助他徹底戒掉。協助他培養自制力，以及減輕他因戒除嗜好所產生的情緒困擾。

我會再三強調成熟有助穩固婚姻，事實上，成熟的女人可以幫助丈夫成熟。傳統的說法「通到男人的心最近的路是胃」，我認為已經不完全適用於今天，那是籠絡，尤其今天年輕的男性都已不像過去男人那樣講究菜餚口味，主婦如只徒然會燒一手好菜，卻不了解丈夫的心理，那條「近路」也許並不能通到他的心。

所以要經過他的腦子，了解他，然後再通往他的心。母親一樣的太太，不如知心朋友一樣的太太，因為現代人的生活比過去複雜多了，所以還是做他的紅粉知己吧！

4

另一半

# 給對方自由

這是我親眼看見的一幕，時間是下午一點半，幾個朋友正在討論一件事，其中一位忽然站起來，神色稍有倉皇，說他一定要給太太打電話。等他回來以後，大家追問何事，他說太太規定的，每天中午一定要打電話回家報告行蹤。結果那天中午他忘掉了，在電話裡頗費了一番唇舌才讓太太相信他不是故意的。當時座中有一人幽幽地說，你們結婚不到一年，怪不得你肯接受這不平等條約，五年以後再看你還能不能遵守吧。

結果第三年他們就離了婚。這件事距離現在已有七、八年了。

常有年輕人問，怎樣維護夫婦情感長久呢？對性格特殊的人來說，可能有特殊的方法，而對一般人來說，大原則無非是互諒、互助等。其中有一條也許是現代夫婦很需要的，就是給對方自由。因為現代人生活大都繁忙，人際關係也遠比過去複

雜，如果再加上一條由太太（先生）拴住的鎖鏈，此人最後一定掙脫鎖鏈逃走。他要應付的太多了，不可能再加重心情的負擔。

一個成熟的女人也該有這種自信，給丈夫自由絕不會失掉他，只有你真能了解他，是他少不了的知心人，他就是人在天涯海角，心也還是在你身邊。反之有句俗話說得最好：「拴得住人拴不住心。」有些妻子在丈夫有外遇以後，很後悔的說，就是沒有管緊一點才發生這種事。她的閨中好友可能也會加強語氣，怪她沒把丈夫「管」好。事實上一個大男人哪裡是太太管得住的？

人和人之間，無論是哪一種關係，黏得太緊，日久必膩，夫婦也不例外。更何況人性中本就有「偷來的果子最甜」的「劣根性」，越是防範的越容易偷溜。給對方自由是彼此尊重，也是最體貼的態度。

一個成熟的女人在結婚以後，如果沒有孩子，那麼生活的重心是丈夫和自己，有子女之後是三足鼎立，份量相等。你可多犧牲自己那一份，但不能失掉重心，就能做到給對方自由愉快，細水長流的穩定婚姻生活。

5

另一半

# 男士下廚？還早！

世界上有名的大廚幾乎清一色是男性，現在男性在媒體上主持烹飪節目也很受歡迎，有時在某些烹飪比賽中，男性也有傑出的成績，但是這和男性在家中「主中饋」是兩回事。

當然，未來的大勢所趨，男性一定要逐漸負擔（而不只是分擔）家事，但這中間的進展不可能很快。如果只從男人燒菜這一點來看，也不過只能算是一絲半縷的曙光而已。因為烹飪是一種技術，也是一種藝術，老實說很多男孩都會喜歡。比賽是一種展示，展示自己的技藝博得別人喝采，與成家以後下廚做飯給太太吃，其間可是天壤之別，所以我看女性還是不要高興得太早。

這主要是因為在一個家庭裡，絕大部分男人投注了幾乎百分之八、九十（甚至更多）的心力在他的工作上。一個筋疲力盡的男人回到家裡，他心裡只有傳統的要求——太太的侍候，否則他會連婚姻的意義、妻子的「價值」都產生懷疑，比起他的父親，他會認為太「漏虧」了。今天，縱然是一個現代女性，也會在實在無法兼顧家庭和事業時，放棄後者。這情形中外都一樣，少有例外。如美國《世界日報》曾報導的一對米勒夫婦，由於丈夫自認妻子的工作前途較有發展，所以辭職在家做飯帶孩子，當家庭「主夫」。他的妻子現在升為一家會計事務所的副總裁，同時擔任美國女性會計師協會的理事長。而米勒先生在「每個人都有他獨特的生活角色」的認知下，做「主夫」十分出色，而且很有成就感。米勒夫婦的情況因為少見，所以成了新聞。

我無意鼓勵妻子把丈夫趕進廚房，反倒要提醒年輕的妻子應了解男性在傳統角色的轉變以及互換的趨勢下，大都不容易適應。他們自己不適應，而他們的母親也阻止他們去適應。有了這種了解以後，知道男人可以成為大廚或主持烹飪節目，和實際下廚做飯在男人心中份量不同以後，就會用比較成熟、諒解的態度處理這些問題。堅持平等的原則，但不是任性的吵鬧。至於男士哪天才能有米勒那樣的認知，倒是我們盼望的。

另一半

# 6 如果妻子強過丈夫

「太能幹了沒人敢娶」或「太能幹了嫁不掉」（這裡的能幹不是指做家事），是一些未婚女子焦慮的情況之一。

曾經有一位讀者告訴我，她由於就讀的大學是公認的一流學校，而丈夫則是「三流」大學畢業，為了怕引起丈夫的自卑而使得家庭發生悲劇，因此放棄赴美進修的機會。但是沒想到悲劇仍然發生，她丈夫還是從偷偷摸摸外遇，進而到公開承認有情婦。

讀過心理學家談到很多女性「害怕成功」的例子，可憐的女人，哪怕她原是孔雀、是鳳凰，在她打算共度終身的男人面前，也得變成一隻小母雞才有安全感。

既然女人的成功如此讓男人受不了，婚前在工作上小有成就的女性結婚後，究竟該用什麼態度和丈夫相處呢？今天學有專長、機遇好、工作能力強的年輕女性，可以在畢業後短短幾年闖出點名堂來。但男性要事業穩固、有成績可能要在三十歲以後，因此「妻強過夫」的例子可能越來越多。

為什麼「夫強過妻」不會發生問題？那是由於傳統認定男女角色就應該這麼扮演，所以雙方都很自然。除了少數不成熟的丈夫在妻子面前擺出「事業成功者」的嘴臉以外，大部分丈夫在辦公室發號施令，回到家也許還是妻子的「乖寶寶」。妻子不會有變成丈夫屬下的錯覺，並以丈夫事業成功為榮。

但是情況倒置以後，妻子可能在潛意識裡受傳統角色認定的影響，覺得丈夫竟比不上自己而輕視他。甚至一發生衝突時就下意識的「反咬一口」，說丈夫不能容忍她事業成功。

所以我認為「妻強過夫」的時候，女性最忌把那「強」字顯示出來；也最忌青紅皂白不分、情緒化的處理兩人間的衝突。而且在大多以賺錢多寡來衡量一個人價值的今天，妻子若先以之衡量賺錢較少的丈夫的價值，那就不能怪丈夫在乎妻子比他「強」了。

另一半

# 7 興趣不合不傷感情

「我倆因興趣不合……今後男婚女嫁各不相干。」這可能是一條典型的離婚啟事，但是看看我們周遭的夫妻，究竟有幾對是真正興趣相合的呢？甚至有些心理學家認為夫妻如果是同行，有時反而因互相競爭而傷害感情，除非他們都十分睿智。興趣相投而又婚姻和諧的夫妻是幸運的，他們除了是夫妻，又是志同道合的知己朋友。

大多數夫妻可都不這麼幸運，所以「興趣不合」不應該是離婚的理由。除非：「你要把對方『改造』得和你一模一樣，你嘲弄譏諷對方的興趣，你不讓對方『享受』他的興趣。」

我很喜歡一個朋友說他們夫婦到國外旅行時，他去看他愛的博物館，而他太太就去逛她愛的百貨公司，然後約好在哪裡碰頭吃飯。他不認為她沒有藝術品味，她也不認為他自私不照顧太太。於是雙方都享受到同行但又滿足了自己喜好的旅行樂趣，分享白天各自看到的新鮮事物。

這樣的例子也許極少，但是平時的生活也未嘗不可以照這種方式調節。在娛樂上丈夫愛看冒險電影，妻子愛看文藝片，那為什麼非要一起看？丈夫如果喜歡下班在家看書，妻子卻喜歡參加合唱團，又為什麼非要硬綁在一起？

有些好事者看到某一對夫婦不常「同進同出」，就懷疑他們不和或甚至是離婚了。其實一對成熟的、彼此尊重的夫婦，根本不需要用「同進同出」來「證明」他們之間的情感。

以「興趣不合」為藉口而爭吵或離婚的夫婦不是太幼稚，就是情感上有問題。夫婦之間情感融洽的話，你不但會容忍對方的興趣（除非是不良嗜好），也會欣賞，甚至進而接受並且自己也試著去享受對方的興趣。生活中有些事情不可能從配偶那邊得到，反而是知己朋友可以與你有默契，可以互通心曲，但那應該不會影響你和配偶之間的夫妻之情。

8

另一半

# 現代夫妻的體貼形態

傳統夫妻之間的體貼是，丈夫按時把薪水袋拿回家、每天回家吃晚飯、星期假日帶孩子和妻子出去玩玩並且吃吃小館子、記得在結婚紀念日或生日給妻子買小禮物；妻子把家整理潔淨、孩子穿得整齊教得好、丈夫孩子回家有飯吃。這本來沒什麼不好，但是在社會急速變遷中，在人們觀念改變中，傳統的夫妻體貼形態今天已經不能繼續完全照樣維持下去。

因為社會競爭激烈，丈夫很難天天回家吃晚飯，他一個人賺的薪水可能不夠維持全家人過比較好的生活、他會忙得忘了所有的紀念日，星期假日也許還排了與業務有關的活動。妻子如果堅持丈夫照傳統那麼體貼，結果一定失望，甚至懷疑丈夫不愛她，不愛家。

而今天的女性有的是為了共同負擔家計，有的是不甘心受了教育卻不能到社會上施展，更有的是希望在工作中發揮自我，她們在傳統對丈夫的體貼中分出時間和精力給自己，當然她會有「不夠體貼」的時候。如果丈夫看不清這一點，或也堅持要妻子依照傳統來體貼他，結果一定也是失望。

前幾天碰到一位朋友，說他最近特別忙，因為把太太送出國去寫作，他就要兼做太太原來的編務工作以及家事。我十分驚訝地問：「你肯把太太送出去幾個月只為了寫作？」他笑著說為什麼不肯，她喜歡寫作，他覺得這對她很有幫助。

這使我印象深刻的幾句話讓我想到，今天的夫妻之間，需要一種合於時代的體貼，那就是「知心」。妻子也許做不好菜，但是能夠了解丈夫在工作上的情形、知道在他面臨困境時給點什麼建議、知道協助他處理人際關係、明白忘了買小禮物絕不是他變了心、和他一起分享教孩子的樂趣。

在彼此「知心」體貼下，現代夫妻應該比以前的男女更能享受演出多一種角色的樂趣，而使生活更為豐盛。

另一半

# 9 夫妻間的私屬性

有人認為，夫妻之間不該有秘密，一旦有秘密就一定影響到夫妻感情。從理論和原則上來看，這都是對的，但是不是為了表示夫妻之間毫無秘密，雙方就沒有半點「私屬性」的東西呢？這些東西包括丈夫書房裡和妻子梳粧台裡的某些物件。是不是為了表示夫妻間毫無秘密，就得每件事、每個行動都詳告對方，否則就追究到底呢？常有結婚不久的妻子抱怨：「結婚以前他什麼小事都告訴我，現在就懶得講話了。」或是：「不知道他書房裡藏了什麼秘密，幫他整理一下都不行。」

而近來由於女性漸漸獨立，也有妻子抱怨丈夫對她事事都要管，常常翻她的皮包。

我想談的是前一類的抱怨。很多男人在追求伴侶時的確挖空心思找話講，而在婚後「惜言如金」。其實這是動物的天性，只要看看求偶時的動物怎樣使盡花招吸引異性就可印證了。婚後他可以和同事、和同性朋友長「蓋」，但回到家卻愛用報紙或電視擋在前面。他有秘密嗎？他變了心嗎？我想大都不是。

教育學家常忠告父母親，要讓孩子保留他自己的小秘密，那是他們的權利，也是他們的快樂。夫妻之間也一樣，丈夫書房不讓妻子整理，有的是因為他在亂中有自己的秩序，別人一整理他反而找不到東西了，或是因為就是不願讓別人碰他心愛的書，有紀念性的小擺設，這別人也包括妻子在內。但我相信那不都是為了保住什麼秘密，只是他希望獨享。

成熟的人會了解人基本上都有「私屬性」的需求，親密如夫妻也不例外。尤其現代夫妻，不是像傳統所說的是兩個圓的重疊，疊不齊的地方還要竭力修整齊；應是兩個部分重疊的圓，除了重疊的地方以外，還有完全單獨的自我。丈夫翻妻子的皮包，和妻子翻丈夫的西裝口袋，同樣是荒唐。再說，如果夫妻哪一方真有妨礙情感的秘密時，那就不是翻不翻能解決得了的問題啦！

夫妻間有適度的「私屬性」，反而可以增進彼此間的生活情趣呢！

10

另一半

# 撒嬌不是幼稚

很多人都知道張敞畫眉的故事，足見保守的中國人，夫妻生活也是很活潑的。前面談到夫妻間也需要幽默感，從小在嚴謹的家庭長大，父親不苟言笑，母親沈默辛勞，自己也是乖孩子的人，結婚後總不能與丈夫和諧相處，雖然盡責負責，丈夫似乎也不感謝。是不是因為自己不夠幽默的緣故呢？幽默既然需要知識和智慧，那不是一朝一夕可以培養的，有沒有別的辦法使夫妻間氣氛好一點呢？

有的，撒嬌要比幽默容易一些。不過從來沒有撒嬌習慣的人，卻也需要練習，才能不讓人肉麻反感。因為弄巧成拙以後，會大大削減自信心，就再也沒有勇氣嘗試了。

也許會有女強人不屑於在丈夫面前撒嬌，認為那是「次等公民」取悅於人的方法。事實上撒嬌並不是女人的專利，丈夫未嘗不可以向妻子撒嬌，子女更常向父母

撒嬌。撒嬌絕不表示自己是「弱」的一方，基本上這是以柔克剛的「技巧」之一，會使夫妻之間只有玉帛沒有干戈，氣氛當然不會太壞。

但是成熟的人知道，撒嬌的目的只是增加夫妻間一點生活情趣，調劑一下刻板的氣氛，並不是處理事情的方法，也不是解決問題的法寶。如果認為撒嬌可以達到「不合理要求」的目的，或是成為推卸責任的方法，或是用來當唯一籠絡丈夫的手段，那可能在情人間有效，在夫妻間說不定變成厭惡對方的原因。尤其是結婚日久，有了「婚姻倦怠症」的夫妻。

撒嬌其實不是幼稚，不成熟的人甚至還玩不好這種「遊戲」。撒嬌要能自然、合時合地、適可而止，這些都必須是性格成熟的人才能懂得的。否則會讓對方窘迫、反感。

成熟的女性也會懂得接受丈夫的撒嬌，了解其中真正的訊息是什麼。諷刺、取笑一定讓對方難堪，使夫妻間氣氛僵化。中國傳統的「夫妻相敬如賓」，我覺得並不完全適合今天的夫妻。如能像知交、密友，一定會更加融洽和諧。

# 11 夫妻朋友

另一半

聽過好幾對離婚的夫妻說，他們現在變成好朋友，很多事常常在一起商量。

這是很有意思、也很值得深思的現象。為什麼做夫妻的結局是離婚，而離婚的結局卻變成好朋友？難道真是「因誤解而結合，因了解而分開」嗎？關鍵可能是做夫妻會彼此要求太多，配偶給了十還嫌不夠，朋友給了三就很感謝了。其次是夫妻之間距離太近，不但減少美感，反而增多摩擦。朋友約會，彼此收拾得整齊美觀，話若不投機說「再見」就行，不必硬擠在一個空間裡。

那麼是否可以在做夫妻的時候，就同時做朋友呢？現代人的婚姻大部分都是自己談戀愛談成的，這「談」可以一直放在婚姻生活裡，也就是專家說的：多溝通。不但是夫妻之間，在子女之間、家人之間都用得上。夫妻間最嚴重的溝通不良，大約就是各自頑固的維護自己的觀點，而且極為主觀。和朋友討論事情時會不願傷害對方，也會下意識的覺得朋友很有道理而能保持客觀，並尊重對方。如果這種態度用在夫妻之間的溝通，應該會比較暢通。

夫妻最需要溝通的主題是對孩子教養的方式，很多夫妻爭執最多的是為孩子，這一點不會發生在朋友之間。我曾經問過離婚後變成朋友的夫妻，他們怎樣面對孩子？大約是以下幾種態度：依舊關心，珍惜短暫的探望時間而特別關懷，尊重有撫養權的那方養育的方式，並且感謝對方付出的心力，客觀的建議如何處理孩子發生的問題。有位女士說，真奇怪，為什麼他們在沒離婚前不能用這種態度相處？

朋友大多是臭味相投的，人生價值觀相近的，比較精神層次的。配偶則大多由於是基因傳承，比較生物性的。因此夫妻要同時做朋友，需要雙方夠成熟。譬如說尊重對方像尊重朋友一樣，保持適當的距離像和朋友之間一樣，有自己的獨立空間像和朋友相處一樣。「夫妻朋友」應該是死黨，非常親密，卻又各自保持完整。

夫妻和配偶的家人之間，處理金錢等也常是溝通不良的主題，而朋友則大多沒有這類困擾，這仍然是距離的「功德」，需要夫妻用成熟的技巧來溝通。如果能在做夫妻時同時做朋友，會減少很多離婚的遺憾吧。

# 12

另一半

# 結婚是一種團體生活

我說過結婚第一年是最難適應的時段，很多女性也有同感。

前幾天有位太太為了丈夫每次洗澡把浴室弄得淋漓不堪，卻從不擦乾而氣得忍不住吵架。有人勸她為這種小事不值得吵，她說夫妻在一起也是團體生活，為什麼不替對方想想。

真的，結婚的確是要過一種團體生活，雖然只是兩個人的小團體，但是一些團體生活中要遵守的原則，卻也適用於夫妻之間。有個很有名的小故事流傳著，丈夫擠牙膏從中間擠，太太卻習慣從底下擠，於是兩人就為此爭吵不休，特別是情緒不好的時候，好像就是沒想過一人用一支牙膏這麼簡單的方法來解決，其實也不是沒想到，就是潛意識不願「夫（婦）規婦（夫）隨」。

夫妻的生活習慣不同是天經地義的事，從小的成長環境不同，父母教養方法不同，到結婚時改不了，也不願改。那位太太的丈夫從小洗澡，是把水從澡缸裡舀出來往身上沖；她從小洗澡，母親不准她把一滴水弄到缸外，所以她婚後佈置浴室是放了小地毯的。有人睡覺時要看書，有人一點亮光就睡不著。有人打雷也吵不醒，有人針掉到地上都嚇一跳。有人一大早就非起來不可，有人是夜貓子早上起不來……這種種都不會因結婚而有所改變。

我見過一個積極的例子，有位太太因上晚班，早上十點左右起來，丈夫則一大早就在浴室洗刷，電鬍刀開得滋滋響。她常常被吵得怒火中燒，發作吵過幾次也不見好。後來她在晚上洗澡時就把浴室關得緊緊的，躺在床上看書的丈夫問她為什麼關門，她溫柔地說怕吵了他看書。第二天早上，她睡夢中覺得特別安靜，朦朧睜眼一瞧，只見浴室門緊關著，幾乎沒什麼聲音透出來。

團體生活中重要的原則是，尊重別人不同的生活習慣，盡量自愛，多替別人著想。如果發生衝突時，想辦法解決，而不是光吵著離婚。妻子如果能多用幽默、溫柔方法，則大都能化解。

成熟對外遇

# 1 一個茶壺，幾個杯子？

「讀『一個女人的成長』專欄，覺得你這樣強調成熟，似乎認為成熟可以解決一切的問題，真的嗎？那麼成熟能不能解決外遇問題呢？」一位讀者問我，並且附了一疊厚厚的信，談她碰到的外遇事件。

不，成熟不能「解決」一切問題，但是成熟的人懂得分析、選擇，並且設身處地考慮。分析使他頭腦清楚；選擇使他不至於自苦或苦人；設身處地考慮使他不偏激。能這樣，雖並不能直接解決問題，但問題會間接地減輕殺傷力，甚或消失於無形。

談到外遇，我想就多年來接觸到的信件和面談的例子，把它分類歸納成幾種。

第一種我叫它是「遺傳性」的，病史長達千年，而辜鴻銘「一把茶壺要配幾個杯子」的名言，使此病時時死灰復燃。

他的祖父、父親都有妻有妾，他覺得「大丈夫亦如是」。終於有了女朋友以後，他坦率地告訴妻子，並且要求妻子答應娶她進門，他保證會絕對公平。當然第一次他被拒絕了，但是在他第八次要求之下，妻子點了頭。

可是感情上的公平實在太難界定了，儘管他每樣東西都買兩份，卻仍然在一個眼神、一句話、一個動作上，被兩個女人指控為不公平。妻子先是後悔答應丈夫，接著痛恨自己不該心軟，然後擔心親友嘲笑，憂慮子女會受影響，終於越想越不甘心。她開始在家裡吵鬧，任何事都成為爭吵的導火線。丈夫認為她不賢慧，也認為自己應該像祖父和父親那樣「威鎮兩方」，對吵鬧的妻子高壓制治，對較靜默的「妾」越來越愛，妻子更覺得他不公平了。

如果是個成熟的女人，她會預料到往後的種種情況，她知道在今天的家庭絕大多數不可能有兩個主婦，「妾」早就是歷史名詞。她也會知道所謂的公平多麼難以判定，感情是多麼敏銳的東西。她更會知道，這樣「畸形」的家庭對子女有多大影響。除非她在知道這一切以後，也清楚自己能面對，能承擔，否則她不會接受；如果接受了，那也是成熟。

成熟對外遇

2

# 中年男子的吸引力

一個人如沒有足夠的自信心，很可能年齡越大越擔心自己不受重視，沒有吸引力。在我接觸到的外遇案例中，「吸引力」是很多中年以上男性外遇的因素，這是外遇的第二類。

如果中年女性還有吸引力，相信更可能造成女性外遇，但是目前我們的社會還不多見。日本有不少小說或電視流行這種題材，因此也引起一些中年女性的幻想。可見青春逐漸消逝時，會在人心中產生怎樣的惶恐和迷惑。

中年男士體貼穩重，社會地位和經濟基礎也大都達到某種程度，這使他們比毛躁的小夥子更能吸引某些女性。有位男士就很坦白的說：「沒想到我年過五十還有吸引異性的能力，以前只覺得日子過得單調乏味，一切當年想要的都經過奮鬥得到了。現在除了守成以外，也不需要再爬升了。再想想未來歲月越來越短，人生好像沒有什麼可以激發我的興趣。等到一個年輕的女人進入我的天地以後，我充滿了驚喜、興奮。她不但不嫌我老，反而認為我很有吸引力，青春再度來臨，我為什麼要拒絕？」

有兩位不同的妻子處理這個同樣的問題，第一位在又吵又鬧無效以後，開始把自己打扮得年輕可笑，五十歲的女人穿上十幾歲人的服裝，臉上堆滿脂粉。經常到丈夫辦公室「巡查」，終於成為辦公室的笑柄，使當主管的丈夫在部屬的竊竊私語訕笑表情下坐立難安。最後是結束了近三十年的婚姻，子女雖同情母親，但並不贊成她的做法，所以她也覺得失去了孩子。

一位是用朋友的態度和丈夫懇切的談心，經過一年多以後，丈夫居然把時間和精力用在他讀中學時就很喜歡的繪畫上。他認真學畫，也有能力買材料、買畫，和妻子一起到歐洲看畫展。雖然還不能開畫展，但是他從繪畫中得到滿足，他的作品替他表達了另一種吸引力。女朋友當然逐漸走出他的生活。這位妻子也許算是幸運的，但她也曾委屈、不平、氣憤過，只是她用成熟的方法處理丈夫外遇，這是她努力以後的收穫。

成熟對外遇

# 3 好丈夫生命中的「新意義」

「結婚這麼多年來，他一直是好丈夫、好父親，愛家、愛我們；自己更是個盡責負責的好人，沒有任何不良嗜好。孩子不需要呼籲爸爸回家吃晚飯，因為百分之八十的晚上他都在家。薪水袋原封不動交給我，經過分配以後他再把自己要用的部分拿去。認識我們的人都羨慕我們是幸福的夫妻。但是他現在居然有個女朋友！這是打死我也不能相信的事情。」

外遇的第三種情況正像這封信說的，一個多年的「好丈夫」曾和我在電話裡長談，他正是為了自己的外遇難以排解，遂打電話給我。也因為他是公認的好丈夫、好父親，所以才產生困擾不安。長談中我發現了關鍵：「回顧我的婚姻，十幾年來除了工作以外，我都是在為家、為太太孩子奉獻，雖說不上是做牛做馬，但是也沒有什麼是可以獨享的。直到認識現在的女朋友以後，我覺得這一份喜悅是屬於我自己的，太太和孩子都不能分享。這給我極大的滿足，覺得生命有了新的意義，所以不到萬不得已我絕不放棄。」

好丈夫、好父親的稱讚會帶給某些男性無形的壓力，尤其是既沒好嗜好，也沒壞嗜好，過分單純生活的人。儘管明智的人會從家人的親情中得到滿足，認知他的「奉獻」是有意義的。但是如果好丈夫、好父親給了他壓力，而他又沒有其他管道紓解的話，一旦有機會外遇，他就可能不顧一切的從這個管道「遁走」，擺脫那個壓力。

成熟的女人碰到這情況時，會檢視自己的婚姻，及平時生活情形（好丈夫常常會讓當事人完全沒有警覺，因此妻子定會打死了也不相信）。丈夫在做好丈夫、好父親時是不是有點承受不了？教育學家曾說：「太乖的孩子有時可能有更多的問題。」同樣的，「太乖」的丈夫也可能有很多沒有發現的情緒。這樣的男性有了外遇以後，妻子越是吵鬧他越是躲避，因為那等於壓力上再加壓力。要保護這個家，只有徹底解除壓力才是辦法。

成熟對外遇

# 4 逢場作戲？

「逢場作戲」式的外遇，可能是很多人認為最不嚴重的一種。當事人會說：「這有什麼關係，我又不是認真的。」妻子會說：「有什麼辦法，工作應酬多嘛。」甚至婆婆（更慘的還有媽媽）會對滿懷委屈的媳婦說：「忍著點吧，哪隻貓兒不偷腥？男人嘛都是這樣的。」

以我接觸到的情形來看，逢場作戲式的外遇在企業界較多。也許除了應酬多以外，錢也多些。有位社會學教授曾說，男人有了錢以後，大部分會「不安於室」。這話雖沒有統計數字做依據，但的確有實情在內。所以逢場作戲的先決條件是要有錢才行，而且這樣的丈夫因為有錢能給妻子水準以上的物質生活，就更覺得並沒有太虧欠妻子，不必內疚。

在這類型的外遇事件中，也有兩位妻子不同的做法產生不同的結果。

第一位是聽到風聲並覺察到丈夫行蹤可疑以後，雇了私家偵探調查。狠狠花了一筆大錢，終於拿到一些證據。在向丈夫攤牌的時候，丈夫先是辯稱：「這有什麼關係？我又不是認真的。」太太當然不肯吞下這兩句話罷休，丈夫說：「好，我承認有這回事，你要怎麼辦？離婚？」太太想到孩子，想到離婚的種種後果，就沒勇氣說離婚就離婚了。這以後丈夫乾脆不隱瞞，益發的自由了。

另一位是先分析：自己能不能沒有這個家？能不能放棄孩子？答案是「不能」以後，第二步決定和丈夫心平氣和的談話，並假設兩點可能：一是談不出結果怎麼辦？另一是丈夫願意承諾不再犯以後，她自己怎樣養息心中的傷口（這一點是相當重要的）？

好幾次談話以後，丈夫把她當成朋友訴起苦來，說大部分應酬都是不好意思拒絕，他又很不喜歡別人認為他怕太太。至於逢場作戲的原因，他坦承自己受不了誘惑。太太把握住這個契機，用「亦妻亦友」的態度和丈夫溝通。經過一些時間以後，丈夫自己調整了他的生活。而妻子用更長的時間「養傷」，她的方法是更加充實自己。

成熟對外遇

# 5 過一樣的生活？

有人說婚姻的荒謬，在於把兩個完全不同的人捏在一起，過完全一樣的生活。這話的確有些事實存在，更何況還是兩個在生理上、心理上，甚至腦部構造上都不同的男人和女人；更別說家庭背景、成長環境，和雙方父母人格特質上的差異了。一旦調適不好，也成了外遇的因素之一。

夫婦兩人對一切事物的價值觀越是相近，越容易調適，就如俗話說「夫妻臉比較會白頭偕老」的意思一樣。因為想把對方「改造」成和自己相似是不大可能的。但不成熟的人就會硬想「改造」對方，成熟的人則知道如何在不同中取得和諧。

價值觀並不只表現在大事上，生活中許多瑣事，如金錢運用的原則、教養子女的方針、性生活的意義、社交的態度，以及對男女角色的定義等，都可能是夫妻價值觀差異引起問題的導因。而且這些問題局外人看不出嚴重性，但是當事人在日積

月累的爭執以後，一旦遇到一個「談得來」的異性，就可能從朋友發展成外遇的對象。

我見過因性生活不愉快而外遇的、因社交態度不同而外遇的、因對男女角色定義不同（一方深惡痛絕社交活動）而外遇的。他們都覺得與配偶生活是一種痛苦，不能離婚時就用外遇做補償。

如果了解痛苦的關鍵在於「過完全一樣的生活」，就可以雙方討論是不是能選擇一些「不一樣的生活」。其中有些是需要夫婦一起請專家幫忙的，像性生活方面請教醫生指導協調方法；角色認同方面，多聽心理學家、社會學家演講都有助益；社交方面，則不一定要所有場合夫婦都綁在一起，鐘鼎山林各有所好，為什麼不能分開享受？至於其他方面，只要夫婦兩人都能誠心誠意溝通，尊重對方，同時能獨立，都可以化解因價值觀不同而引起的摩擦、氣憤和怨恨。

外遇不能解決問題，去除痛苦，反而引來更多問題和困擾、苦惱。而不成熟的人硬要「改造」對方，可能會加強對方外遇的心意，因為那是痛苦上加痛苦，能不逃嗎？

6

成熟對外遇

## 話不投機

有些夫妻平時可能只「談話」而不「談心」，這樣的夫妻縱然一輩子無事，卻也沒有雋永的樂趣。當然，如果夫妻兩人都不在乎，那麼一點問題都沒有，但只要一方在意，問題就來了。

能「談心」的夫妻最重要的條件之一，是雙方「水準」相當，否則就會各說各話，越說越沒勁，因此「話不投機」也成了一個外遇的因素。這情況也會發生在卿卿我我戀愛結婚的夫妻身上，多半是結婚幾年後，某一方不斷在進步，另一方則滯留不前。兩人在學識、見聞和思想上的差距越來越大，終至與談戀愛、新婚時完全不同。

以前大都是丈夫因工作關係而不斷進步，妻子閉塞得除了家和菜市場以外，一無所知。現在漸漸多了孜孜不倦奮發向上的妻子，和除了本身工作以外一無所知的丈夫。於是有了外遇的丈夫，也有了外遇的妻子。嚴重的就以離婚收場。

通常，落後的妻子在丈夫超前時，自己會益發的自卑，面對任何委屈也只敢暗暗怨嘆；而落後的丈夫卻往往嫉妒妻子，不是冷嘲熱諷，就是霸道的不准妻子自修或進修。曾經有一個丈夫每當妻子拿起書本時就罵她，或藉故發脾氣，直鬧到離婚了事。

怨嘆或嫉妒都是不成熟的表現，會促使外遇的一方更緊抓住外遇的對象不放，因為他更會拿兩邊來做比較。迎頭趕上也不一定就能挽回已經有外遇的丈夫和妻子，但是，這「遲來的成熟」卻可以拯救陷於痛苦深淵的自己。成熟的人知道，人的生理有成長的限度，以至衰老死亡，但人的學識、見聞和思想卻沒有成長的限度。

夫妻不但要彼此成長，更要相互鼓勵成長。這種成長和進步，會為夫妻日漸沈澱的熱情增加凝固的力量，不論怎樣轟轟烈烈戀愛結婚的夫妻，走過歲月以後熱情總會沈澱的。牽手而行，生活上的照顧是表層的，心靈上的、精神上的照顧才更重要、更深切。到老都「相看兩不厭」的夫妻，是能「談心」的夫妻。

7

成熟對外遇

# 給他一點距離

「膩了！」有一位丈夫外遇的理由，就是這麼簡單。

好像不可思議，卻也相當實在。生活安定平穩的中年夫妻，日子是一成不變；什麼事對方會有什麼反應，彼此也瞭若指掌；孩子各自有天地，連家具擺飾也都定位，沒什麼變化了。這樣的夫妻如果沒有精神上的寄託，外遇就可能成為某些人用來「調劑」生活的事情。因為外遇充滿緊張、刺激和變化，有人為了追求這些，甚至放棄多年努力築下的事業和家庭基礎。

想久處而不膩，實在每對夫妻都要有不同的方法。我個人覺得除了彼此能「談心」以外，保持一點點距離也是很重要的。距離不是淡漠，也不是冷落，具體的說是一種尊重和適度的保留自我。

在中國人的智慧裡，「欲擒故縱」、「若即若離」等都是最高的技巧。一把沙子放在手掌，捏得越緊，流失得越快。無論對丈夫或孩子，大約都用得著這原則。在適當的距離之下，更可以看清彼此。為什麼說「小別勝新婚」呢？那也是距離給感情加溫了。

夫妻由於關係太密切，就把對方的缺點看得一清二楚——包括性格上和身體上的。如果沒有尊重，就會毫不顧忌的展現在對方眼前，或是刻薄的作為挖苦嘲弄對方的題材。曾有丈夫抱怨婚前文文靜靜的女朋友，做了太太以後「百無禁忌」得可怕；也有太太抱怨丈夫吃過飯剔牙嘖嘖有聲，當著家人放屁等。

想想看，約會時的愛人誰不是展現最美好的一面給對方看呢？居家當然不可能「時時提高警覺」，但是心裡如存著一份尊重和配偶相處，言行自然也就有了分寸，可以保持一份美感，增加彼此「耐看」的程度。

外遇之所以有吸引力，也是因為有一種「距離的美」。妻子若是發現丈夫有外遇的原因是對自己「膩了」，那麼對症的下藥不是哭鬧或講理，而是給他一點「距離」。死纏活拖以為可以把丈夫拉近點，結果也許反而有了真正的距離，而且越來越遠了。

# 8 一顆心，兩份情

成熟對外遇

在所有外遇事件中，最讓人無奈的大約就數「動了真情」這一種。愛情最不講理的地方就是它不選擇時機，不該發生的時候它就那麼大剌剌地發生了。當事人儘管恐懼、內疚，卻束手無策。

一個人到底能不能同時愛配偶又愛另一個人，似乎也沒有任何的學理能剖析、判定；但我的確看過不少處在這種痛苦困擾中的外遇者。當然，同時熱戀兩人的絕少，通常是和配偶的愛情穩定沈澱後，墜入對另一個人的戀情之中。發現情況嚴重時對配偶的愛情再度升騰，因此他們不願離婚，卻又不能割捨軌外的愛情。

但受到傷害的配偶大都不相信這點，「既然還愛我為什麼又愛別人？」理論如此，事實卻不按牌理出牌，當事人自己也說不清。動了真情的外遇會比所有其他因素外遇的人痛苦，因為那是雙重負擔，覺得既對不起配偶，也對不起愛人。這時候往往哪邊給的壓力輕、體諒多，他就逐漸傾向那邊。不幸「這邊」常常是愛人，因為愛人是「得」，配偶是「失」，基本心情就不同。如果角色對換，兩人的表現也一定交換，所以那不是人的問題，是角色觀點的問題。但是陷入暈眩的當事人，一定是「避重就輕」，漸漸淡了對配偶的愛。

有一位妻子歇斯底里的說：「他口口聲聲說還愛我，這種鬼話還叫我相信嗎？哼！連他以前談戀愛時的話我也不相信了！」不相信的結果是離婚。

但是相信又怎樣？相信的話你自己就不會受傷害太深。你知道自己仍然被愛，如果你要保有丈夫，就會真正寬容的幫助他斬斷軌外的情絲，讓他在你諒解、但是堅決不同意的態度中，知道他如要保有你，一定得捨掉那份愛。

愛情比一切感情領域都狹窄，真正「弱水三千，只取一瓢飲」才不會苦人苦己。若是你雖相信他也愛你，卻不願要這已有裂痕殘缺的愛，那麼也可以理性的和他商討分手，而不互相殘害，甚或傷及無辜的下一代。

# 9 成熟的人不活在後悔裡

成熟對外遇

「如果為人妻者都能冷靜處理先生的外遇，對大家都會有好處的。我就是個不冷靜不成熟的人，因為他有外遇，無論如何堅持分手。但事後我非常的後悔，也非常痛苦，又愛他，又恨他。如果在我離婚之前，能看到你的文章，哎！太慢了。」

接到很多封類似的信，我摘錄其中一封的部分，也可以看出很多女人對離婚充滿無奈和痛苦，而後悔的居然占了不少的比例。

但是一個成熟的人知道，人生不該浪費在後悔裡——縱然做了像離婚這樣重大的決定。因為後悔是絕對於事無補的，而且是一種腐蝕心靈的「毒藥」。譬如說離婚以後，無論當初是意氣用事也好，是一時衝動也好，是報復也好，都已經造成事實。除非兩人都同意再度結合，否則最重要的就是開創自己的新世界。在感情上、工作上、生活上，都要好好安排。除了和孩子是割不斷的親子關係外，其餘的最好盡量不要拖拖拉拉。要是兩人都成熟而理性的能成為朋友則另當別論。

整天沈浸在後悔的痛苦中，就沒有空間調整自己的情緒。有一位深受離婚打擊的妻子，第一階段就是後悔，後悔不該跟他吵，後悔自己太要強，後悔沒有忍耐下去。第二階段是冷靜分析離婚原因，發現自己並不是「罪魁禍首」，很多原因是剪不斷、理還亂，已經發生，就理性接受。第三階段是尋找自己的興趣，讓人生重新出發。這就是一個成熟的人處理難題困境的方法。

另外一件重要的事是好好處理現在和孩子的關係。不再能朝夕照顧孩子，絕大多數的媽媽心理上就很不平衡，這對孩子的心理也會有極大的影響。若是再加上後悔，情緒就更複雜，對孩子的影響更不好。

第三件重要的事是，一定要用嶄新的胸懷看待男女之間的感情。「一朝被蛇咬，十年怕草繩」、「天下烏鴉一般黑」、「還有再談戀愛、再婚嫁的資格嗎？」等，都是偏激的想法。不卑不亢，自在自然的態度往往可以得到真情。

當然，任何人都不可能從不會後悔，但要把消極的後悔轉化成積極的、前瞻性的行動，才是利己利人。要減少後悔，事前必須慎重。一旦過去，就絕不後悔。

第三篇

# 秋：養兒育女

如果說結婚需要成熟的人格，那麼做父母就更需要人格成熟才行。結婚是女性的第二度成長，做母親是第三度的成長。在適應了婚姻生活，並且在婚姻生活中有足夠的成長以後，就可以考慮做母親了。

不過，可能還需要有幾點心理準備。

第一是萬一計畫開始要孩子時，卻發現不能懷孕，怎麼辦？看過不少原本甜蜜的夫妻，因為不孕而終至仳離，或雖然維持夫婦名分卻已日漸冷漠。尤其仍然有很多人把不孕歸咎於女性，竟有婆婆教唆兒子離婚再娶的。這時候夫妻得要有「共患難」的體認，鼓勵丈夫一同去找醫生檢查，可能需要相當的技巧、耐力和愛，因為有些男性硬是不相信也許自己有問題。

不要自哀自怨，縱然真是自己不能懷孕，也不是你的錯。理性、堅定、冷靜

，是遭遇誤解、委屈時，最需要的態度。

其次是如果確定不能懷孕時，不妨共同商討一個沒有孩子的生活，兩人可以利用更多的時間、較寬裕的經濟，追求彼此在學術、藝術或其他方面的成長，讓精神生活提升到極致。在這方面妻子的引導和誘發，有時會有很好的成績。

或是領養一兩個孩子，好好地愛他們，教養他們，也同樣能享受為人父母之樂趣。

還有在孩子的數目和性別上，最好夫妻雙方先有良好的溝通。縱然醫學進步到可以百分之六、七十控制生男育女，卻仍有一部分掌握在大自然手中，人類無能為力。羨慕別人有男有女，或怨恨自己生不出兒子，都不是成熟的人格，生下來就要公平地愛他們。生孩子不是賭氣，如果長輩干涉或嘲諷，自己都要堅強面對。丈夫的不滿會因妻子的態度而有所改變，孩子的心理當然更隨父母的教養觀念和方法而有所不同。

這種種若是在懷孕前都已了解，並且與丈夫有很好的溝通和體認，就可以準備做父母了。因為已經把缺憾都列出來，並且想好彌補的對策了。

第三度成長

1

# 美妙的經驗

「結婚十多年來，最受到丈夫疼愛的一段時間，就是懷老大的時候，可是懷老二、老三時就享受不到了。」一位中年太太不帶一點火氣這麼說。「當然，不懷孕時更享受不到丈夫的疼愛。」她又加上一句。

大多數的男人可能在妻子第一次懷孕時，都格外溫柔體貼。知道自己的生命可以延續到下一代，和初為人父的喜悅，是激起他們對妻子溫柔體貼的原動力。只有少數男士會感激妻子，能領會妻子懷孕時身心的變化而疼愛她。換句話說，他們的溫柔體貼有很多自我中心的成分。了解這一點以後，就不會存太多的幻想，甚至濫用他的疼愛。有些妻子懷孕時過分誇大身心的不舒適，有的時候責怪丈夫讓她受這種「罪」，有的要這要那的支使丈夫，有的以「功臣」自居，認為該有種種特權。見丈夫都唯唯諾諾全盤接受後，更變本加厲起來。

看到一些在這段時期特別溫柔體貼的丈夫，和特別濫用丈夫疼愛的妻子，在他們的孩子生出來以後，情況就逐漸改觀了。有很多妻子受不了這種改變，產生種種心結。由心結而生的陰影，也許暫時會因忙著帶孩子而不影響心情，但在孩子長大「不需要」母親的時候，早期的陰影就會慢慢又蘊攏在心頭，有的甚至會變成嚴重的問題。

如果孩子是在父母期待，並且已有心理準備的情況來臨，那麼懷孕對雙方來說都是一種喜悅。但這也是世上最自然的事，沒有功勞也不必驕傲。我以為最健康的態度是認知做母親的責任，吸收有關懷孕的心理和生理知識，保持心情愉快、身體健康。

在體形開始變化以後，要坦然接受。曾有年輕的孕婦訴苦說世上最男女不平等的，就是同樣享受做父母的樂趣，女性卻必須忍受懷孕的難受、生產的痛苦，而男人竟連身材都不改變。這可以說是一種幼稚的男女平等觀。成熟的女人會感謝能經歷懷孕和生產的美妙經驗，而欣喜的享受。

懷孕是女人的第三度成長，請細心體會。

## 2

第三度成長

# 共同成長做父母

儘管有些電影、電視把女人生產的痛苦，用特寫鏡頭表達得驚心動魄；儘管有些產婦在生產的疼痛還沒有消失時，發誓不再生孩子，但世界上每秒鐘都有人生孩子，而很多女人也再接再厲進產房，所以說懷孕是自然的事，生產也是自然的事。而這個自然的事到孩子一出世開始，就是最實際的一種責任了。

第一次當母親，是女人永難忘懷的奇妙經驗。在醫院裡護士第一次把孩子推進來，第一次端詳那由自己身體「分化」出來的小東西，第一次餵奶——尤其是自己哺乳的母親……都真正讓人打從心底喜悅起來。雖然有些母親說她第一次看見孩子並沒產生愛意，愛是後來逐漸由接觸、照顧學來的，但也有更多母親說她第一眼看見孩子就愛得心疼。

不管是以怎樣的心情愛孩子，在愛的同時，也必須有另一種心理準備，那就是今後除了做妻子以外，又多了一種母親的角色。

由於大自然交給雌性保護下一代的任務比較重，動物中的母親這時往往完全只擔任母親的角色，牠們幾乎不必扮演妻子，但是人類的女性卻不這麼單純。她如果不兼顧兩者，結果可能就很麻煩。曾接到一些第一次做母親的讀者來信，有的說她在懷孕時，丈夫就「忍不住」外遇了，有的說從醫院回家不久，丈夫就與孩子「爭風吃醋」，最後是外遇「有理」。

說來這似乎也是一種不公平，女人在有了孩子以後，更需要丈夫協助，但男人這時卻反而拋棄她。不過情況並不都是這麼悲慘的，成熟的女人懂得怎麼「誘導」丈夫扮演父親的角色。最重要的是強調父親的重要，鼓勵並且讚美他為孩子做的每一件事。事實上，今天年輕的母親已比她們的老祖母幸運多了，自從「拉梅茲生產法」引進以後，已有不少丈夫在妻子懷孕後期，就陪著一起運動。他們也參加院方照顧嬰兒的講習會，早已在學習做父親了。

男人女人都必須共同成長，才能擔當父母親的任務，也才無愧於做父母親。天下沒有白當的父母親，不是嗎？

3

第三度成長

# 做個有判斷力的母親

說懷孕是女人第三度成長還不夠，事實上一個女人在做了母親以後，仍須不斷成長才能負起母親的職責，否則她會和孩子一起吞嚥人生的苦果。這可能是懷抱新生兒的年輕母親一時還想不到的。而在不斷成長中，一個最重要的原則是：要有獨立判斷的能力。

就拿產後第一件事來說，你是自己餵母乳呢？還是給孩子喝牛奶？這是以前的母親做夢也想不到的選擇，但是今天的母親可能舉棋不定。母乳好，母親應該把最好的給孩子，這是天經地義的。但是你如果實在自己不能餵母乳，那也不是罪過，尤其不必在看了專家的理論，及例舉先進國家母親餵母乳的比例以後，就有了罪惡感或以為自己跟不上文明。

當然，為了怕身材走樣而拒餵母乳，十足是幼稚的觀念，也還沒脫女人是第二性、是男人玩物的觀念。這和隆乳為討男性歡心是同樣的心態，有這樣心態的母親也讓人擔心她以後能不能承擔母職。

我自己的經驗是盡可能自己餵母乳，不得已用瓶乳時不必內疚，只要在餵乳時給孩子足夠的愛，包括撫摸、逗弄、擁抱，孩子絕不會在成長中感到缺少母愛而在心理上有什麼「情結」。

很多母親不能餵母乳的原因，就像一位職業婦女說的，上班時間必須毫無尊嚴的到廁所去處理滿脹的乳汁，身心都覺得狼狽不堪。

但是隨著觀念的進步，現在有很多辦公場所，已有「哺乳室」，這是極好的轉變。因為職業婦女增加是世界的趨勢，更是必然的現象，所以只能不斷幫助她們解決問題，不是把她們從辦公室趕出去。

像這類需母親選擇的事情，會隨著孩子的成長，陸續向母親挑戰。主見太深、剛愎自用的母親，固然可能在教養孩子的方向中，流於偏激；而優柔寡斷，人云亦云的母親，也會因困擾太多而承受不了。

4

第二度成長

# 成熟的女性是已準備好的母親

曾經在東京上野公園羅丹美術館內，尋找過「夏娃」這座雕像，結果很失望，沒有找到。因為在熊秉明的《關於羅丹——日記擇抄》書中，讀過形容「夏娃」的一段描述：「豐實中年女人的軀體。女性本質的展現，容忍、堅毅。她已懷孕，為育養並且捍衛未來的生命，她準備接受一切勤勞和苦難。」對於做過母親的我來說，很能深深體會出這樣的女性本質。

縱然今天的母親在物質上有更多的方便，譬如紙尿褲、現成的嬰兒食品、洗衣機、烘乾機等，減輕了養育孩子的辛勞，但做母親仍然不是一件輕鬆的事，身心上的負荷，還比以前重上百十倍。而且你既已「創造」出一個人來，就要對他未來的一生負責，包括負責他身體的健康、心理的健全、品格的完好，因為這些都會影響他的一生。

對於這樣一個嚴肅而艱鉅的任務，我是堅決反對「全部包工」給別人去做的。職業婦女在沒有完善的托兒制度下，養育孩子比純家庭主婦更辛苦，這是必須先有的心理準備。然而，任何理由都不能用來支持把孩子交給別人（包括遠在別處的祖父母），日夜見不著，只有每週或每月，或竟然每半年、一年才見個面的養育方式。「內製外包」做節目的方式，可不能用來養育孩子。

尤其現在的女性，可以選擇生育子女的人數，以及生育間隔的時間。生孩子可以像計畫一次大手筆的出國旅遊一樣，在經濟、時間和體力等各方面都能負擔時再實行。孩子到來之時，母親就已經準備好了。讓孩子每天早上睜開眼睛先看見的是母親，每晚臨睡前最後看見的也是母親（只有父親是等量重要的），孩子才有足夠的安全感。

一個成熟的女性也是一個已經準備好的母親。她正像羅丹的「夏娃」一樣，有容忍和堅毅的女性特質，讓她的孩子在懷中得到足夠的愛，正常而健康的成長。她接受一切養育孩子的勤勞和苦難（今天豐裕的物質、進步的生活，已把苦難減到最低程度了），而仍然能無怨無尤。

第三度成長

# 5 一張給新母親的處方

回想自己養育孩子的過程，的確能證實自己是隨著孩子一同成長的。初為人母時，白天我一個人守著小嬰兒，經常緊張焦慮得不敢離搖籃片刻，連上洗手間也是匆匆忙忙的。夜晚雖然多了一家之長的陪伴，但我的睡眠總是很淺，搖籃裡任何動靜都聽得見，偶爾沒動靜時我又緊張得立刻爬起來張望，生怕在我視線之外的孩子有了什麼變化。

孩子添加副食時，一切都是我照書上配方自己調製，而且衛生得離譜。結果孩子從來沒有熟睡兩小時以上，而且總是小病不斷。後來一個當小兒科醫生的朋友知道了，笑罵我一聲神經病。她說嬰兒會直覺感染到母親的情緒，神經質的母親很難養育出情緒穩定的孩子。我辯駁自己不是個神經質的人，她說有些女人會因過分擔心自己不會養育孩子而患「暫歇性的神經質」，所以需要像她那樣的專家指導。這位朋友現在遠居異地，但是她給了我最好的指引，並且開了一張怎樣預防母親對孩子不良影響的「處方」。

第一是盡最大力量維持正常的作息，不因孩子的來臨而全家生活大亂。一個身心健康的孩子會有他正常的作息時間，如果他過分「與眾不同」，就要讓醫生檢查看看有無隱疾。

第二是保持歡愉但寧靜的心情，不要因愛孩子而忘了所有人類該遵守的規則。她強調多少危害社會的不良份子，事實上是從他一來到人世，父母就不曾教給他那些規則的結果。一個人在搖籃裡就該開始接受一些合理的、必須的規範了。

第三是任何人都不能脫離一般的生活環境，所以對孩子的照顧也不能「標竿」過高。孩子用的、吃的如果都消毒，他全不接觸細菌的話就反而喪失抵抗力，因為他是活在人間的。

我覺得在女性一生中，如果她有機會扮演母親的角色，那實在是最複雜、難演的，但是這個角色給女性的滿足、喜悅，也是最恆久的。而且由於孩子的成長，母親更能從不斷學習中得到充實的樂趣。

# 6

第三度成長

# 孩子不是生命的全部

有天我把某位長輩奉行的話：「女子無夫身無主」，講給一位朋友聽時，她笑得要命，說真是不可思議的觀念。她年輕，有足夠的學識和能力過自主的生活，她就是自己的主人。像這樣的時代女性，如果想結婚是為了找一個情投意合的人過共同的生活，而不是找個主人，這便是一個女人理想的一生。

但是我發現能做自己主人的女人，有些在生了孩子以後卻讓孩子做她的主人，她的生命全部奉獻給孩子了。和另一種絲毫不願子女妨礙自己生活的媽媽正相反。她也許先放棄工作，回家專心帶孩子；接著她放棄精神上的嗜好，因為照顧孩子要花大量的時間和精力；最後她放棄理想，孩子就是她理想所寄。結果她全部的生命只有孩子。

為孩子而暫時放棄工作，應該只是一個母親無法兼顧時的權宜之計，如果她厭倦了工作，或是根本不打算做職業婦女，那又另當別論。但是為孩子而完全放棄自己，那不是犧牲，是放棄做自己主人的權利。因為孩子在做了你十幾年主人以後，他們會展翅飛到另一個屬於他們的天地。這時你才愴然注視自己蒼白空虛的生命，心頭的不平衡就相當嚴重了。

所以從孩子還在懷中開始，媽媽一面餵哺他，一面要抽空餵哺自己的精神和心靈，以免營養不良而枯萎。

當然，並不是每個人都胸懷大志，都有高遠的理想，可是充實性靈的嗜好以及一點小小的理想，可以維持個人生活的情趣。更重要的是，不把孩子當生命的全部，就不會給他們沈重的壓力，讓他們更能發展自己的生命，這豈不是真正無私的愛嗎？這也才是成熟的愛。

父母對孩子的愛有時會流於自私、偏激，實在是因為父母本身性格不夠成熟的緣故。我們活到幾十歲，結婚生子，可以證明生理的成熟，卻不等於性格的成熟。所以，一些專家才一再強調做父母需要不斷學習，經由學習而成熟，才會懂得愛孩子，也愛自己，做自己的好主人。

第三度成長

# 7 教養，請從嬰兒開始

傳說蕭伯納（George Bernard Shaw）曾經問一個向他請教「孩子應從什麼時候開始管教」的母親：「孩子多大了？」那位母親回答「三歲」，蕭伯納斬釘截鐵地說：「你已經遲了三年！」

胎教的意義雖然已經有專家肯定，但在孩子還沒出生以前，一切都還不可能落實，甚至母親的愛也還很恍惚。然而一旦看見孩子，摟他在懷，擁他在胸，輕撫著那小手小腳，所有的育兒理論此時都已脆弱不堪。

不少次到醫院探望生產的朋友，聽到很多母親得意的描述她的孩子如何脾氣很大，如何是全院最「搞怪」的娃娃。似乎只要能顯示自己的孩子與眾不同，都是值得驕傲的。這種「不分青紅皂白」的疼愛，很可能使孩子日後變得不明是非。

一個成熟的女性在做了母親以後，會明白愛和溺愛是完全不同的。嬰兒的小心眼懂得太多了，他如果必須又摟又抱又搖又晃才肯睡覺，那不是他天生如此，大都是成年人慣出來的。他如果自己乖乖躺在小床上，吮吮手指頭就睡著了，那也不是天生，是成年人幫他養成的。曾看過一些母親帶孩子帶得手足無措，自己先慌了，嬰兒會覺察到，他就會「支使」母親。很多壞習慣就此養成，這些壞習慣進而影響他的性格，甚至人格，當然也影響他一生。

一位母親說她自己還沒成熟時生了四個孩子，現在二十年過去了，她清清楚楚看到一個不成熟的母親怎樣影響了孩子。她雖然深愛孩子，卻不能不承認那些孩子性格上的缺點是自己造成的。時光不能倒流，已成的性格不可能再塑，她說這是終身的缺憾。對於那些交給祖父母養育的嬰兒，就更讓人擔心了。不是祖父母經驗不夠或觀念過時，而是隔代養孩子的那種過度寵愛和過度當心。很多祖父母或外祖父母坦白地承認，他們對孫兒女和兒女是有雙重標準的。這時更需要靠父母——特別是母親——用成熟的智慧處理，否則不是傷了長輩的心，就是塑歪了嬰兒的人格。

母親自己心理成熟是一個重要的基礎，再加上不斷吸收育兒新知，懷中的寶寶才能正常成長，成為正常的人。教養孩子，請從嬰兒開始。

8

第三度成長

# 孩子不是你的絆腳石

有時我會接到讀者來信，和我討論孩子的行為或心理狀況等問題，我總建議她們請教真正的專家，多聽演講，多讀有關的書籍。因此《一個女人的成長》寫到女人做了母親以後，並不強調怎樣教養孩子，只想就我所接到的信件，舉出一些女人在演出母親這個角色中，遭遇到哪些困擾。這些困擾可以幫助我們思索為什麼？怎麼辦？當然也幫助我們成熟。

母親很難獨挑教養子女的責任，必須有父親共同負擔，父母是不能拆開的。不過我們只談女人的成長，更何況母親對孩子的影響仍然大過父親，責任也更重些，而孩子對母親的影響也比對父親更大，母親和孩子的關係甚至會左右一個女人的人生觀，以及對生命價值的肯定。

有些把孩子當做全部生命的母親，但也有和這些母親相反的、完全不把孩子當一回事的母親，並且把孩子當成絆腳石，因為生孩子才讓她犧牲了自己。

事隔好幾年，我還清楚地記得一個國中女生寫給我的信。她說從剛懂事開始，就知道她的母親「與眾不同」。母親總是嫌她們姐弟兩人浪費了她的青春、阻礙了她的前途。一切照顧孩子和家事，幾乎都是父親在做。但是母親始終沒有發展出什麼輝煌的事業，因此情緒也極不穩定。她們姐弟總覺得是母親的包袱而充滿罪惡感，當然也連帶著懷疑自己存在的價值。因為連父親似乎也覺得婚姻把母親埋沒了似的，那時她就決心不結婚，不生孩子，免得步上母親的後塵。更何況，她從沒嘗過母愛的甜蜜和溫暖，也不能體會母愛的偉大。

事實上，人生在世，埋沒自己、阻礙自己的，絕大多數責任在自己，不在任何人。女人不結婚、不生孩子都不怎麼嚴重，那是你可以選擇的生活方式。一旦結了婚，再有了孩子，就是一份應該好好承擔的責任。一個成熟的女人儘管一開始不知道如何承擔這份責任，但她會懂得那是可以學會的。她能學得很快樂，很有成就感，這種學習幫她成長、成熟。

# 9 幼稚・成熟・童心

有位年輕的媽媽問我：做一個成熟的媽媽是不是表示要完全用理性來生活？完全不可以做幼稚的事情？譬如我帶三歲的女兒到公園盪鞦韆，我覺得很好玩，真想和她一起盪，但是又怕自己不像個成熟的媽媽，惹人笑話。

真抱歉，沒想到談女人的成長、成熟會有這樣的誤導。雖然成熟的反義詞可以是幼稚，但是幼稚和童心之間卻又絕不相等。一個媽媽如果看見公園裡好花盛開，唆使孩子攀摘，那是幼稚；如果她看見孩子摘花、丟垃圾立刻阻止，並且告訴孩子公私物的分別，就是成熟。如果公園的鞦韆特定是給孩子玩的，媽媽卻一定要坐上去盪，那是幼稚；如果是成人可以玩的，媽媽抱著孩子盪，就是成熟的人可貴的童心。

童心未泯的父母是可愛的，有創造性的，對人生充滿好奇和熱愛。他們會帶孩子探索世界，會和孩子一起「發明」，會懂得童言童語，會和孩子玩得開心。這樣的父母能了解孩子而不會產生代溝，他們是孩子的好朋友。

成熟的父母知道隨著孩子的成長，他可以怎樣與孩子「玩」，「玩」些什麼。把孩子帶領到一個程度時，孩子會有他們自己的天地，在這個天地裡父母不是發號施令的人，而是一個最好的顧問。

有位母親說得好：「孩子讀小學時，我帶著他到野外玩，跟他一起在草地上打滾。他讀國中時，我招待他到家裡來的朋友，但是讓他們在他自己房裡玩。給他買圍棋、象棋，傾聽他談學校、同學之間的種種瑣事，跟他一起大笑，幫他出些點子解決困難。」於是她和孩子無話不談。

完全沒有童心的父親除了權威以外，沒有別的和孩子共享。完全沒有童心的母親，除了照顧孩子生活衣食之外，大約只剩隔靴搔癢的嘮叨，永遠不能進入孩子的心靈。

事實上，保有童心和成熟絕不會起衝突，權威和嘮叨卻常是幼稚的表現，因為成熟的人懂得用更好、更有效的方法教養孩子。

10

第二度成長

# 成熟的女人，成熟的丈夫

男人結婚以後一旦做了父親，固然也必須學習怎樣承擔，並扮演這個責任很重的角色，但是他對妻子的需求並不會改變。如果一向被妻子照料周到的，這時也不會放棄。而妻子這時不但沒有精力和心情再照顧丈夫，反而期望丈夫能除了打點自己以外，還幫忙她照顧孩子。

有些不成熟的男人下意識裡會嫉妒自己的孩子，認為自己不再受重視而覺得委屈。他找不到襪子，也不知道襯衫掛在哪裡，看見內衣卻翻遍抽屜看不見內褲。家裡到處只見孩子的尿布、奶瓶；妻子忙的是孩子，談的是孩子。丈夫在初做父親的新奇、驚喜消失以後，對孩子的心可能只變成斷斷續續的點，因為有更多的事物分散他的注意力。

而女人在孩子身上的心是點，也是線、是面，分分秒秒，不管是由於天性或後天環境。走在尖端的女性可以只要孩子不要丈夫。這種迥然不同的心態，常使初做母親的女性大為驚嚇，甚而憤怒、不平，如果又是能上班賺錢的「現代女性」，情緒會更加激動。成熟和不成熟的女人處理這種也許會危害婚姻的問題，就有兩種結果了。

不成熟的女人會和丈夫爭吵：「孩子又不是我一個人的，為什麼讓我一個人累死？我忙孩子都忙不過來，你還要我伺候？活該！穿臭襪子上班好了！嫌家裡亂？為什麼你不能處理？」

成熟的女人會在懷孕的初期就常和丈夫溝通，讓他一點一點的了解妻子需要他的幫助，家裡需要他同心協力分擔，孩子需要他照顧和疼愛。孩子出生以後還會發生很多當初完全沒有預料到的事情，更需要隨時坦白地，甚至用點技巧的和丈夫商討解決。傳統認為女人似乎總比男人較會帶孩子，但事實並不如此，男人經過學習以後照樣很行，妻子的鼓勵和讚美是男人樂於學習的最大動力。

換句話說，如果丈夫是個不成熟的男人，在兩人做了父母以後，成熟的女人會誘導丈夫學著成熟，然後才能共同挑起家的擔子。

女兒經

1

# 生男生女真正一樣好

一位老先生重金鼓勵媳婦替他生個孫女；這種家裡的小事竟然成了新聞，為什麼？當然是在百分之九十希望得男的「正常情況」下，此事不常見，值得見報。

不必往古遠去翻什麼棄女嬰、賣女嬰、溺女嬰等的舊帳了，就在現代，科技尖端的現代，人們用更科學的方法阻止女性出生，什麼飲食控制法、精子分離法，雖然都加上「生男生女隨心所欲」的平等總題，但「首舉得男，以後就無所謂」仍是大多數人的想法。甚至有照超音波發現胎兒是女，竟想把「她」餓死的奇聞（生出後竟是個營養不良、不足月的「他」）。如此看來，科技進步，對女性來說竟是一種「劫數」了。

理性上，人人知道這世界如沒女人，人類鐵定絕種。但千百年來男尊女卑的傳統，竟使得人們不能理性的接受生男或生女，連母親這個女性竟也不能。這實在是有智慧的人類最不智的態度。

台灣推行家庭計畫最大的阻礙，就是很多家庭非生一個男孩不肯煞車。我曾隨便調查一下，不少夫婦認為最理想的子女數是兩男一女，或是一男一女，很多人坦白的說這是「防備」萬一有個兒子發生意外，還有個兒子傳香火。那麼那唯一的女兒萬一……唉！那就甭問了！

美國人不講究傳香火。但據旅居那邊的友人說，不少美國夫婦也希望頭胎生男（歐洲——尤其是北歐——似乎較真平等）。足見男性在廿一世紀仍然是吃香多多。

但是若要兩性共處、不可缺一的世界更和諧美好，人類必須進步到男女真正平等的境地。因此所有有資格（身心健康）、願意結婚生孩子的女性，為了這個美好的遠景，都應該在觀念上確立「生男生女真正一樣好」的信念。從計畫生孩子，到懷胎生產，絕無絲毫偏愛。

只有在生命還沒成形以前，先受到公平待遇的環境中出生的女性，才不會在生為女性以後，碰運氣活得幸或不幸。

同樣是女性的母親，難道不該有這種體認嗎？

2

女兒經

# 你是女兒的靠山

憑良心說，大多數年輕的父母，對於生了個女兒還是相當疼愛的。除非是已經生到第三、四胎了，或公公婆婆臉冷話冷而丈夫態度也跟著轉變。這時有些媽媽在產房就忍不住傷心的哭了；據說還有的連看都不願看一眼；有的像是做錯事而心懷愧疚；有的是勉強接受事實。

幸好，不少媽媽在傷痛的情緒逐漸平復以後，終於也能把愛一點點的給那可憐的、自己沒有選擇出生權利的小女兒。但這不受歡迎的「見面禮」，已或多或少在母女的潛意識裡留下「遺憾」的陰影。所以我強調過「生命成形以前應有平等」，尤其是做母親的。

如果母親自己的確不會「重男輕女」，那麼母親就是女兒最強有力的保護者。面對抱孫心切的祖輩，絕不能以弱者的姿態忍氣吞聲，應該明確的讓公婆知道，無論男孩女孩你都愛他們，而且愛得理直氣壯，因為他們都是尊貴的生命。不必勸慰什麼：女孩也好嘛、將來更懂得孝順啦、現在時代不同啦、女孩子一樣能賺大錢啦等等！因為生兒子不必說這些。

至於丈夫的不高興，那實在是有點無理；怎麼忘了他自己才是生男育女的決定因素呢？如果他真的不知道，那麼請醫生告訴他吧！如果他知道卻不講理，那麼不理他。輕鬆愉快的時候和他開開玩笑，嚴肅的時候直言提醒他。

只要你自己愛得堅定，女兒的心靈就不會受到傷害，而且恆久的母愛自會慢慢的感染別人。

談這些並不表示我對男女價值不同而憤慨。只是盼望每一個女兒來到人間，都受到父母和家人毫不勉強的愛，然後她才算是得到平等的人權。當她得不到時，最能幫助她爭取的是母親。如果母親先傷心、失望、愧疚，那她就失去保護人了。

不過隨著時代的變遷和觀念的改變，以及女性自身優越的表現，現在很多年輕的父母的確較少重男輕女。有些甚至只生一個女兒，全心全力愛她、培育她，畢竟某些人類的社會還是不斷在進步的。

女兒經

# 3 取名也要「男女有別」？

男人有個女性化的名字或女人有個男性化的名字，雖然都會讓人訝異，但骨子裡卻有截然不同的反應，前者會讓人取笑，後者只不過覺得奇怪而已。所以替孩子取名是個大學問，而「性別化」是其中之一。男女有別，從名字上可以判斷，中外一樣。

但是我們真需要在名字上來讓女孩變得花花草草，男孩子一定要既勇又豪嗎？我不是在這上面爭女權，像某些西方女權運動者，把一些有「男權象徵」的字都改掉，我只是覺得如果家中生了個女兒，取名字時不必非極端女性化不可。第一，未來的男女兩性，勢必越來越趨向中性化；第二，如果這個女兒將來在性格上或是性向、工作上，都偏向男性化的話，她會討厭自己的名字，我碰到好幾個因此而改名的。當然這可能只是特殊的個案，但是取名只要在字義、音韻上都很好，就是個好

名字。

有些家庭在孩子沒出生前，已替他們取了名字，並指定哪些是給男孩的，哪些是給女孩的。我覺得在今天大可不必這麼麻煩了。也許有人會說男女有別的名字，可以讓人一看就能分辨是先生或小姐，因此名字必須男女有別。但我碰見很多別人寫錯性別的朋友，都能很幽默的一笑置之。

事實上，我很喜歡一些女朋友的名字，有淡淡的女性味道，好看、好聽、有意義。因此基本上我並不反對替女兒取個好名字（哪怕有點女人味）。但我覺得如果認定女兒一定要取女性化的名字，還從名字中期待她將來一定要溫柔賢淑，一定要像個女人，這可能就不合時代潮流，也可能會替女兒將來帶些不愉快了。如果愛我們的女兒，何不在給她一個名字的時候，就把眼光放遠點、放寬點，讓她這輩子都喜愛自己的名字呢？

名字是跟著人一輩子的，父母都會很慎重的替孩子取名。我只是提供一個有感而發的意見；因為我發現豪爽的女性似乎越來越多，溫柔的男孩也似乎常見。這不是男女兩性的新趨勢嗎？

# 4 男女有別不是天性

我絕不否認「男女有別」這句話，而且坦白說，我喜歡這種「有別」，男女因不相同而使得這人間更繽紛有趣。

但是從更進步、更合理的觀點來看，父母如果依然以「男女有別」的原則教養子女，就不會合人類進展的潮流了。儘管隨著人們生活的富裕，子女人數的減少，今天除非是十分貧窮的人家，像二、三十年前，自己還走不穩的小女孩背個小嬰兒的景象已絕少看見。然而很多父母從女兒的嬰兒期開始，就處處「提醒」她是個女孩，應該與男孩不一樣。

女兒的衣物用具一定是色彩嬌嫩柔美的；如有單獨的房間，一定佈置得「像個女孩子房間」；玩具一定是洋娃娃。於是女孩子在這樣的環境裡成長，「順理成章」的要接受父母給她的「暗示」，她必須是個溫柔乖巧，「有女相」的女孩子。

如果她幸運的在性格上符合「女性的特徵」，那麼這一生在女性的行為模式裡可以適應得很好，做一個快樂的純女性。但如果她不幸而「女生男相」，那可能從小就痛苦到老，因為她會與家庭、與社會之間顯得處處格格不入。譬如父母會嫌她太野、女同學會嫌她太粗心、她可能交不到男朋友、她喜歡做的工作是處於男性獨霸的世界等，這都會讓她在性別的認同適應上產生困擾。

很多傳統「男女有別」的說法，近年來已不斷地被學者推翻了。像「男孩生下來一定比女孩體型大」的說法，據現在的專家研究認為「孩子體型大小，產前環境不同的因素，大於性別因素」；像「男孩天生比較勇敢」，已被現代專家認為是「長期社會標準要求的結果」。

所以現代的心理學家建議父母：不要壓抑男孩不准他們哭，同樣的也不要強迫女孩子玩洋娃娃。如果她喜歡玩機器、玩小蟲，父母卻因為「女孩子不可以」而阻止她，也許就扼殺一個未來的優秀工程師或生物學家了。

男女除了生理上的不同以外，父母何必煞費苦心，非要讓「男女有別」呢？

# 5 家事：大家的事

乖巧的女孩子在上小學以前，就會幫著做簡單的家事了，而同年齡的男孩子則多半還是個調皮搗蛋的小糊塗蟲。曾聽一些母親說：也不是特意教的，女兒就是會幫忙；兒子呀，哪裡叫得動。

其實仔細觀察一下大多數家庭的情況，就明白父母不必特別教，孩子自然就會模仿。因為總是母親在做家事，有些父親根本不幫忙，甚至也不願兒子幫忙。他們喜歡帶兒子和他一起多向外發展，認為那樣將來才有出息。男女性別角色的學習，事實上很小很小的時候，就在家裡受到影響了。

有些父母親不但縱容男孩不必做家事，還規定女孩替男孩做自己該做的——例如替兄或弟整理房間、掃地、鋪床、拿髒衣服、收乾淨衣服等。把做家事有意無意間變成女人侍候男人的象徵。很多大男人主義的觀念豈不就是這樣形成的？而有些女人痛恨做家事，我認為也是受了這象徵的影響，結果誤以為男女平等就是在家裡大家都別做家事。

家事也是每個人的事，應該按年齡大小分擔，不是按性別來分配。這不是平等的問題，是每個人對自己以及對家的責任、義務的問題。有了這樣的原則，男孩子願意下廚房，很好；女孩子願意修理門窗，為何不可？重要的是讓家裡每個成員都愛家，都願為家做事。

所以，母親對喜歡幫忙的女兒固然可以稱讚，對不肯做家事的男孩要帶點勉強的逐步訓練，當然，父親的身教比任何語言都有效。

一個女孩子如果從小在家裡沒有做家事的痛苦經驗，她對家事的經驗都是美好的，這反而可以幫助她結婚以後樂於做家事。男孩子如有同樣好的經驗，也能幫助他適應以後男女角色交換的新趨勢。

誰都能看出未來的生活形態，不可能還堅守「男主外，女主內」的傳統了，一個和諧的家庭應是分工合作的。現在從女性的出生談起，就得替她看到未來，這不也是父母的愛嗎？

6

女兒經

# 保護她免於遭強暴的恐懼

在媒體上經常讀到女孩被姦汙而死的新聞，真讓人悲憤切齒！這已經不是性騷擾，甚至也超過了性迫害！

曾聽一對夫婦說，不是不想要女兒，實在是養女兒太讓人提心弔膽了。這話的確有事實根據。看看天真爛漫的小女孩，真不知道是什麼心腸的人才下得了毒手。難道只單純「心理變態」就能解釋？還是千百年來蹂躪女性的惡例，在某些人心裡種下了壞種？

也因此有些父母變得過分緊張，時時灌輸給小女兒「男人都是魔鬼」的觀念；使得這女孩終身把男人當成魔障，影響了她的戀愛和婚姻。事實上對於開始每天要離家上學的小女孩，父母的確需要多指導她怎樣保護自己，而父母也得特別多注意保護她。但是不必把緊張和憂慮表露在言行上，最好是把這些保護自己的話同時也對男孩交代，讓孩子知道什麼情況下對陌生人應該有什麼態度。

當然對這樣小的孩子，無論怎樣交代，他們保護自己的能力還是很有限，父母才是他們最重要的保護人。我很奇怪有的父母竟對子女疏忽到可怕的程度。我經常接到女孩子來信，說她們在幼年時不幸被強暴，回家因害怕不敢對任何人講。這恐懼囓著她們，伴著她們長大。雖然時間沖淡了，但一旦戀愛，這淡化的陰影立刻增大增濃，嚇得她們不敢去愛，也不敢被愛。

遭到強暴可不像跌了一跤那麼簡單，為什麼她們的父母居然沒發現女兒有什麼異樣呢？

我絕對反對女性遭到強暴，就認為是奇恥大辱，以致尋死覓活的；可恥的是施暴者。然而讓一個小女孩承受這樣可怕的經驗，會一輩子戕害她的心靈。父母親除了保護她以外，還要在萬一她不幸碰上時，給她最好的心理治療，讓她歷劫後重新建設正常健康的心理。

我曾經聯想過，為什麼小學女生一定要穿裙子呢？如果經常穿一條長褲，雖不一定就能防範遭強暴，但起碼也比較適合小孩子愛動的天性吧！

7

女兒經

# 漂亮不是終身唯一追求的

「美是永恆的喜悅」，我喜歡這句話，但是這種美應是大自然之美，或藝術、文學、音樂等等之美，那才是真正永恆的喜悅。如果只專注於個人的外表美，縱然浪費了大把的時間、金錢，甚至心力，也無法持之以恆，更不見得有深雋的喜悅。

我覺得一般人物質條件足夠以後，都太注重外表美了，而這應是「淵源很深」的。女孩子在剛會走路時，父母親可能就不斷強調外在的「重要」，譬如把小女孩打扮得從頭到腳都是蝴蝶結；把她炫耀在人前，客人也都能深體主人意，用盡一切形容美麗的詞句稱讚。有的父母更會用「妹妹，你好漂亮，好乖啊」做為獎勵。

於是「漂亮」從小就成為女孩子印象深刻的一句話，這句話在她的潛意識裡醞釀、發酵，可能成為她終身唯一追求的東西。如果她真的漂亮，她會以此自驕；如果不幸不漂亮，她會自卑、自怨、喪失信心。

我這些年來接到許多女孩子的來信，訴的苦可能只是因為她眼睛不夠大、鼻子不夠高，或太胖、太矮、大腿太粗、小腿太短等。成熟的人或許認為這是小問題，這些女孩卻認為這是她生活中最痛苦的根源。延續到成人以後，就是整容、隆乳等辛苦改造自己外表的行為。

而小男孩從小受到的鼓勵和稱讚，往往是聰明、勇敢等等，這兩種不同的「導向」，當然形成男女不同的「自我評價」，以及努力的方向。雖然由於男女有同樣機會受教育以後，女性才能上有了很多傑出的表現，但一個既漂亮又有才能的女人，無論自己或別人，對她都會有較多的「滿足」感。外表平庸的，往往挫折感會比較重，除非她真正有超人的智慧。

可喜的是，有些父母已有這樣的認知。有位朋友生了兩個女兒，上天很不公平的給了她們一美一醜的兩張面孔。但父母絕不在女兒們面前稱讚較美的女兒，同時也提醒親朋好友別做比較。萬一有些不知情的快嘴傢伙說了出來，他們會很技巧的讚賞那相貌平凡點的女兒有什麼優點，讓這個女兒心理平衡，有自信的成長。

所以，如果希望她活得快樂，請不要把「漂亮」從小灌輸給我們的女兒！

# 8 小心眼難侍候

女人的小心眼，有時讓女人都受不了；甚至教育也不能改變。於是有人說「侍候」女主管真累，也有人害怕在全是女同事的辦公室工作。有這些感覺的人不一定是男性，常常是稍具男性化的女性。

其實除了女主管、女同事，在全是女生的學校或班級也一樣。前些時還有幾位女校的同學來問我，怎樣與小心眼的同學相處？因為她們的心既「小」又「多」，太難捉摸了。

曾聽一位男士批評說，女權運動再怎麼喧囂也成不了多大的氣候，因為女人沒有男人那種做大事的氣度。

女人的小心眼、小氣度當然不是天生的。試從一般男孩和女孩從小在家，或在學校所受的鼓勵或禁忌來看，男孩就是天大地也大的向外發展；女孩則是處處、時時在瑣瑣碎碎的事物中打轉。在小學裡，下課後小男生一哄到操場；小女生頂多在走廊活動，有的幾乎足不出教室。小男生經過一番激烈的發洩後，心胸開朗；小女生幾人一組吱吱喳喳小長舌一陣後，裝了一肚子的張三長、李四短，她那小腦筋說不定就開始為這些長短在琢磨了。

這樣成長的差別結果如何呢？

台大心理系楊國樞教授曾經實地在台北地區小學調查，發現從小學四年級到國中三年級的學生，男生自我接受程受（覺得自己有價值的程度）和自我諧和程度（真實自我和理想自我的相似程度），並沒有隨年齡的增加而漸低的趨勢。但是女生年齡越大，自我接受度越弱，自我諧和程度也越小。

因此把女兒教養成一個氣度恢宏的女性，對她將來的自愛和愛人都有助益。這需要父母重新用新的教養觀點養育女兒，讓她多接觸大自然，教她看山看水，啟發她的創造力，不是訓練她成個小淑女。

當然，最主要的還是母親的言行模式吧！女兒是模仿者，一個小心眼的母親很難有心胸開朗的女兒啊！

# 9 自然自在面對異性

小學低年級時，男女生如果坐在一起，桌子中間會劃一條「國界」，侵犯到別國時，往往引發一場戰爭。男生不跟女生玩，女生當然也不理那些「臭男生」。我小時候母親總讓我穿男裝，理男生頭，因此女生不跟我玩，幾十年過去了，這一點仍不見有什麼進步。

到高年級時，由於台灣的孩子發育得早，再加上種種「文化刺激」，小學的男女生竟也似懂非懂地愛呀愛的了。曾經不止一次地有做母親的對我談起：怎麼得了啊！這麼丁點兒大的孩子，講的盡是些誰愛誰、誰又不愛誰了，甚至還講些黃色的話，他們懂什麼，不是太讓人擔心了嗎？

由於擔心，有的父母嚴禁女兒與男生來往，或是警告女兒和男生玩會有什麼可怕的後果。其實我相信大多數的小學高年級的孩子，他們不過是受好奇心的鼓勵，覺得大人那一套很好玩，誰真「愛」誰啦？父母大可不必憂心，更不必認真的阻止女兒「談戀愛」。因為嚴禁和警告有暗示男生和女生在一起，一定會發生不可告人的「醜事」的結果。

我認為讓男孩和女孩從小很坦蕩的相處，是性教育的一部分。尤其是家中沒有異性手足的孩子，更需要有異性的小朋友在一起玩。讓他們能以既自然又自在的態度與異性相處，在不著痕跡下了解異性，會有助於他們到青春期面對異性的態度。

當然也不必特別鼓勵，孩子是敏感的。她也許隱隱約約喜歡哪個男孩子，但父母若熱心過度把那男孩邀請回家，可能會引起她的羞懼。父母用自然的態度最好。縱然聽到女兒和同學之間講「悄悄話」，也裝做沒聽見。關心不要在言行上表現出來，大驚小怪和緊張氣憤都有反效果。有時候她們會把保有那些小秘密看成是很嚴重的事，特別不喜歡父母干擾的。

國小不久就要進國中了，對孩子來說是一個重大的轉變。女兒會進入一個更「複雜」的環境，她的生理和心理也同樣有複雜的轉變。她對男女之間也會隨著進入國中，而有更多的幻想和憧憬。那麼，先讓她有個健康的心理基礎吧。

女兒經

# 10 小女孩長大了

依據專家的研究，男、女孩青春期正好在國中這個階段，有所謂「第二性徵」的出現；這給他們極大的震撼和困擾，影響了他們的情緒以及言行。撫育過國中子女的父母，最頭疼的大約就是這個階段了。乖巧的小女兒會突然變得「晴時多雲偶陣雨」，她不再纏著媽媽，反而覺得媽媽煩得討人厭，同學才是她最看重的。她好像有一大籮筐的秘密，媽媽千萬別嘗試去揭開。你如果偷看她的日記或偷聽電話，她會把你當仇人。前一分鐘才笑，後一分鐘就可能淚下如雨。把言情小說裡的愛情當真的一樣夢想著，對銀幕或螢光幕上的男孩，充滿渴望交往的心情，而且是很嚴肅、很認真的。

男、女孩在這個階段都對自己身體的變化，既好奇又惶惑。觀念越來越開放以後，學校老師會傳授知識、指點迷津，但很多孩子卻不能坦然和父母討論，這點父母可能要多加努力。

我常常接到國中女孩的信，大都是不滿父母管教的態度，幾乎是「一口咬定」父母不了解她們，因為她們無法與父母談心，其實大都是她們不願意。總是羨慕別人的父母比自己的好，其實她們才給父母氣受；而其中抱怨母親的竟比抱怨父親的多，大約是母親照顧孩子生活起居較多，難免嘮叨。

還有很多把自己的缺點誇張成「致命的痛苦」，怪母親從小沒有塑造她成為漂亮的女孩，使她個子太矮、腰太粗、腿太短、眼睛太小、鼻子太塌等等，反正「醜死」啦！

我自己的經驗是：專心聽她訴苦，不必反駁，不必教訓。分享她的快樂，也要專心。幫她保守秘密——譬如不讓兄弟翻她的房間，自己當然更不可；用偷看日記或偷聽電話的方法了解她，是最笨也最危險、最無效的。引導她接觸世界上真正美的東西，要捨得買書、買畫、買音樂。

除了生活上的照顧以外，把她當朋友一樣談心，就她能了解的，談母親自己的感觸，喜怒哀樂都能談。對一個母親來說，女兒是可以成為知心朋友的。

# 11

女兒經

# 討厭的生理期？

幾年前我曾問過一些國中女生，贊不贊成男女合班？大多數贊成。但是有一個女生憂慮的說：「不過聽已經上男女合班的人說，最討厭的就是生理期啦，一點都不方便。」「對啦！對啦！那些男生最討厭啦！」其他的女孩立刻七嘴八舌的接著說。

「生理期」的初潮，大約是一個女性最初經歷的嚇人事件。以前曾聽說有些小女孩嚇得又哭又叫，以為自己要死了。現代人各種知識大增，也許不再有這樣的女孩。但它仍然是一件惱人的事件。據我所知，縱然是成熟的女人，也很少能愉快的面對。更何況十幾歲的女孩，一方面處理起來笨手笨腳，一方面唯恐別人看出她正在生理期（尤其不能讓同班男生看出來）。

母親下意識對生理期的厭惡，也會影響到女兒的心情。女人因有生理期而「不潔」的愚昧觀念，仍存在某些地區某些人的心中。更有些偏激的女權運動者，憎恨女人有這樣「不公平」的生理。這種種都使得生理期不受女性歡迎，不管衛生棉的廣告做得多漂亮也改變不了。恐怕只有停經後的女人，才會懷念這讓她煩惱了幾十年的生理期吧。

然而，女性既然幾十年都不能脫離，就必須從一開始就好好接待這相隨幾十年的「好朋友」。

母親可以讓女兒知道這是健康的徵候，不一定要講得像醫生或生理衛生老師那樣詳盡，只要讓她知道它是正常的、女人都會有的，就可以消除她的恐懼。並且指導她如何處理，最重要的是不必強調生理期可能有的情緒不適，只要保持身心的清潔愉快，這絕不是什麼嚴重事件，也絕不會影響女人一生的發展。

國中小女生以為男生會注意這些。其實大多數國中小男生好玩的事多得好，除非女生自己「神色有異」，否則他們才不會這麼心細呢。這件在男人眼中的小事常會困擾十幾歲的女孩，全靠母親來幫忙化解了。當然母親自己先得對生理期有正確的態度才行。

女兒經

# 12 多和女兒談心

有一位母親喜孜孜地說：如果心情不好需要訴訴苦、甚至小哭一場，就找大女兒；如果心情不好需要大哭一場來發洩，就找小女兒。她和女兒們從小無話不談，女兒長大後就成了她的知心朋友。兩個女兒性格截然不同，她深知這一點，所以能享受與女兒交朋友的快樂。

女兒往往是母親最好的談心對象，如果你有女兒，請千萬不要錯過這份美妙的享受。

讀小學時的毛丫頭也許還嫌稍小了一點，而讀中學的女兒應該可以和她談談心了。不過，談心不是訓話，談心也不是教導，不是從上到下的垂直線，而是左右可以互行的平行線。

關於母親自己的部分，可以談自己的快樂、憂愁，喜歡的、厭惡的、過去的回

憶、現在的計畫、未來的憧憬，甚至自己做的高興得意的事、糗事、鮮事，同時還要有承認錯誤或消遣自己的勇氣。

關於女兒的部分，試著不著痕跡的鼓勵她談同樣的情緒和經歷；最好的鼓勵就是母親自己能自然而自在的和她談。在女兒能夠敞開胸懷談的時候，母親最好是傾聽，聽到不贊同的，不必喝斥或教訓或批評，否則你就封住了她的心。可以表達你不同的意見，但是要用平等的語氣。只有能夠互相談心的母女，才能成為知心的朋友。

能夠與母親做朋友的女兒，絕不會成為「問題少女」。能夠和女兒做朋友的母親，也不會為教養子女而頭疼。更大的好處是，你知道女兒的心，就會了解她的成長過程。她對你的推心置腹，可以減少彼此因誤解而產生的問題。也會因你的知心而不必對你撒謊，也不必等到什麼事情嚴重到不可收拾時，才找父母解決（或偷偷地自己解決）。

事實上，能經常和女兒談心的父母，已經在不知不覺當中，把對女兒的期望灌輸給她了。等她長成以後連選擇婚姻的對象，可能都不會離父母的理想太遠。

13

女兒經

# 多變的高中年齡

一個女孩長到讀高中的年齡，多少已了解作為女性是怎麼回事，家庭和社會要她扮演什麼樣的角色及她能接受多少。她開始脫離國中階段的懵懵懂懂，有時會認真的思考問題了。但是她和父母的關係可能也開始變「壞」；因為受的教育比以前多，知識更深廣，在很多事情上會「一口咬定」父母並不比她懂，她的心思是「不屑於」與父母談的。

她希望、並以為自己夠成熟了，如果還開口閉口爸或媽的，在同學面前是一件糗事。她寧願和同學討論問題，研究解決的方法，也不願告訴父母。

但父母似乎永遠不能接受孩子長大了的事實，結果越把他們當小孩子，他們就離父母越遠。多半的女孩子比較懂事，不一定會當面讓父母難堪，卻也不是打心裡服氣。有些父母可能會為這種情況氣得七竅生煙，其實這不過是人生成長發展的過程而已。

她們會很認真的反抗學校和家庭中不公平、不合理的事情，甚至有時還對社會上的流弊做強烈的批判。這時父母的爭吵不再令她們害怕，反會輕視。

在情緒上也是極不穩定；上一分鐘與一大堆人笑鬧成一團，下一分鐘卻希望誰也別打擾她，讓她獨處。高一時愛上的人，到高二可能發現一點不愛，高三時則討厭得要命！

雖然男孩也有類似的成長過程，不過女性角色由於傳統和現代之間矛盾太多，她們在適應上會有更多的困難。一個家庭裡如果母親過分辛勞，她會下意識裡反抗婚姻。如果父親受壓抑，她會憎恨母親。她們的情緒會比男孩子複雜多了。

不過，以我的經驗來看，對待讀高中的女兒，寧可把她當作成熟的，也不要認為她還沒長大；家裡的事情也可以和她討論了，並且給她一部分決定權；尊重她獨處的意願，她關上房門並不表示討厭家人；不要一聽到她有男朋友就大驚小怪，把對方的祖宗八代都探聽清楚。有一些父親愛女心切，更是激烈，卻往往把事情弄糟了。因為她們畢竟還沒有完全成熟，很會意氣用事的。

14

女兒經

# 協助她立志向

凡是受過教育的人，幾乎一定寫過立志的作文，無論男女當然大部分的人都達不到自己立的志向。如果有人統計的話，其中可能以女性在成長後距離她的志向最遠。因為沒有一個女孩會立志將來當家庭主婦，但這卻是大多數女性成長後的終身「職業」。假如她在主婦以外另有成就，大都是另起爐灶努力得來的。結婚像一道分水嶺，生育孩子又是嶺上最為崎嶇難行的路；掙扎過這一段路以後，還能記得當年志向的人實在太少了。

也許作文簿上的志向太過於高緲不實際。然而一般來說，男孩子到高中年齡，有不少已真正計畫「以後要做什麼」，所以他們能決定現在要朝什麼方向努力，考哪一類組；父母也比較明確的支持男孩讀什麼，或反對他們讀什麼。但女孩子呢？隨便吧，考上大學是一種榮譽——包括找對象也可以找到好一點的，至於讀什麼系

有什麼關係，反正將來最終目的是結婚，丈夫有出息就夠了。父母和女孩自己大多都有這種意識。

如果有機會替孩子做性向測驗，也許對輔導他們立志願更有幫助。不過父母若是一向和孩子親密相處，並且時時觀察他們的言行，應該多少會了解一點孩子的性向。最怕的是父母主觀的認定將來做哪一行最有出息，然後強加導引。而對女兒可能更有種種限制，除了暗示或明示女人還是「以夫為貴」以外。

志向應該能符合孩子的性向，否則未來痛苦的是他們。到社會上以後，做有興趣的工作比做賺錢多的工作更幸福。志向不需大，卻要實際。有了志向，人可以向這方面鑽研。人生會因有努力的目標而大不相同。結婚生子雖會影響甚至中斷志向，但女人的潛力是驚人的，只要志向不失，中斷並不等於放棄。而志向也不一定非達到不可；努力追求的過程就是一種滿足和快樂。

那些一直有志向並且不曾中斷的女性是幸運的。如果她沒有，那麼幫助她，不要用「無所謂」回答她。和男孩子一樣，求知是為了將來能活得更好，不是為了光耀門楣或嫁個好丈夫。

# 15 強硬機警保護自己

女兒經

女性遭強暴的消息，已到了讓女性喪膽的程度。男女平等可由女性的奮力向上爭取得來，唯獨碰到色魔時，女性仍是可悲的犧牲者。單獨夜行如果「有一個男人走近來獻殷勤」時，保證大都是不懷好意的。

性強暴除了無法防範的陌生人之外，據外電報導，很多是女性熟悉的朋友，甚至情人也會把臉一抹變成魔鬼。

專家研究「約會強暴」和一般強暴之間的差別，發現「約會強暴」多半是受害人熟識的（高達六〇～九二％）；而在心理的傷害上，這些受害者除了恐懼以外，對朋友的信任以及誠篤都受打擊，心理上受到雙重的創傷。受害人多半是十五到二十四歲的女性。

為什麼這些情人會變成魔鬼？在美國華府的高中學校舉行的強暴教育課中，很

多男生說，他們從來沒認為在約會末了時，強迫女伴發生性關係就構成強暴。他們有的說：「我一直以為她期待著性關係。」有些則表示：「如果我就這樣放過她，那我真成了娘娘腔了。」

為了糾正年輕人這種觀念，美國很多高中、大學都開設課程教育學生。執法當局為積極正視這問題，鼓勵受害人出面報案；更努力減少「約會強暴」及「熟人強暴」在審判過程中，對受害人所造成的難堪及痛苦。

我們國內的年輕人由於生活比較單純，大多數還在父母的保護之下生活。但是不可否認的，年輕人的單獨相愛也越來越自由、越方便，誰也不敢說沒有「約會強暴」及「熟人強暴」的情形。

我們無法分分秒秒監視他們、保護他們。不過父母和年輕人最好都知道有這種可能性。教育家中男孩怎樣尊重女朋友；教育女兒怎樣提高警覺，約會時不可一味柔順。女性對有兇器在手的陌生施暴者會面臨束手無策的絕境；但對於熟人，強硬而機警才能保護自己。

# 16 指導重於命令

女兒經

今天要對高中階段的學生談「該不該交異性朋友或發生性行為」，可能被一些早有經驗的年輕人笑死了。但事實上卻有很多父母還在耳提面命：「沒考上大學以前不准交男朋友！」

父母對男孩子總是放心得很，認為反正不會吃虧。這雙重的價值標準，簡直可以說種下不少未來婚姻的悲劇。保護女兒雖是好的，可是很多過分的保護方法不免一廂情願，甚或盲目不切實際。

「哪個少女不懷春，哪個少年不多情。」若不是由於社會太複雜，不妥的戀愛又會牽扯出太多的問題，青春年少正是談戀愛的大好時光，而且這時期最是愛情豐沛。

有一些女孩由於交男友受到太多的壓制，就把感情轉向同性，激發出一種像戀愛一樣熾熱的感情，彷彿是同性戀。不過根據我的了解，很多不過是「假性同性戀」，事過境遷以後，當年「愛」得火熱的朋友，甚至變得比水還淡。

這個階段的女孩子有不少已經和男朋友愛得你死我活了。青春年少固然感情充沛，但也極不穩定，更不可能成熟；結果產生的問題就多起來了。這些問題包括從相愛變成相厭，彼此干擾影響學業且因對自己以及對方的情感沒有把握而猜忌、抱怨，家庭或學校的阻力變成反抗和戒懼兩種互相衝激的力量，以致發生自作多情的苦惱，或是過分放任留下的後遺症無法收拾。

所以我認為父母對這個年齡的兒女交朋友，最好不要下「不准」的命令；她若真談戀愛，「不准」等於火上加油。誘導她「打開天窗說亮話」，認識她交往的男性，她便不會再像國小或國中時那樣羞於談到異性了。只要她「敢」談，她會告訴父母她的困惑，而父母如果能站在朋友立場給她建議，她多半會自己決定要不要交往下去，也會衡量在這個階段是讀書比較重要，還是戀愛重要。即使是就業的女孩子，也會考慮到感情不成熟時談戀愛或結婚，是不是妥當。

總之，對於高中階段年齡的女兒來說，指導是重於命令的。

# 1 「孩子」媽媽

百分之九十的女人在做了母親以後，都希望能得滿分——至少要能及格。但為什麼有的女人在心力交瘁、奉獻了一生以後仍然不及格？或僅在及格邊緣（她不滿意孩子，或孩子不滿意她）？有的女人卻看來輕鬆愉快的得了高分？

這樣的結果，依我粗淺的看法大都問題不在孩子，而在女人自己。譬如說有一種類型的女人從小嬌生慣養，父母把她當心肝寶貝養大後嫁了人，婚後稍有不愉快就回娘家訴苦。父母不但不趁這個機會幫助她成熟，反而像她小時候摔了跤就責怪桌子角太尖、地不平一樣把過錯推掉。結果她有二十多歲成人的身體，卻像個五歲小童似的不知道怎麼處理和解決問題。

等她做了母親以後，先怪懷孕破壞身材，接著堅持剖腹生產，理由是骨盆才不會擴張過度影響美觀或討丈夫歡心。當然她不願自己哺乳，雖然不上班也不讓孩子破壞胸部曲線。

她也愛孩子，愛的時候又摟又抱、又親又吻的；但是如果孩子哭鬧著不讓她上牌桌、逛街的話，她會狠狠的又罵又打，並且連帶著責怪丈夫要她生孩子，要她受罪。

回娘家哭訴是她唯一採取的方法，每次得到兒時那樣的慰藉，更使她的心理和行為都返回童年。帶孩子對她來說，是一樁艱巨的任務，每碰到阻礙，她就逃回自己父母的懷抱。

這樣的一個「孩子」照顧孩子，結果是誰都長不大。也曾經有年輕的母親來信說，自己已經「長成這個樣子（意指不夠成熟）了，怎麼辦？」其實能有這樣省思的人，就已經有了成人的思想。剩下來的是如何學習一些處理事情的方法而已，這當然也包括學習做父母。

只會向父母哭訴，或把一切都怪罪到別人身上的人更不能認定——我在這樣教養下沒成問題青少年，我的孩子當然也不會。那是不合邏輯的邏輯，因為我們生長的大環境已然不同了。

# 2 什麼都懂的媽媽

民國四十幾年出生的人，有不少相當一帆風順。家庭經濟上是越來越寬裕，求學過程中雖然歷經考試無數，但由於整個大環境的安定，智力加考運可以一路讀上去。父母不願他們再受當年自己受的苦，大都盡力地給。女孩子只要讀書成績好，在家受寵的程度，有時甚至超過男孩。

她們在校成績好，畢業後很多謀到高薪工作，自信心益發的增強，受不了別人的笨拙，包括自己的孩子在內。曾有一個讀國小六年級的女孩寫信給我，說她從讀小學開始，媽媽就釘牢她的功課，卻沒有耐心幫助她。媽媽是留美回來的碩士，每次她有難題請問媽媽時，一定先得到「這麼笨」三個字；如果答案講了一遍她還不懂的話，媽媽就會說：「我小時候哪像你這麼笨！」

媽媽在家裡好像什麼都懂，包括爸爸的問題，媽媽也會先批評說：「這有什麼難的？」而且常常會逼著問：「你懂不懂？」但是媽媽又抱怨「累死了」、「煩死了」、「什麼都要我管」，所以她越來越不敢「找媽媽麻煩」。她羨慕媽媽有學問什麼都懂，但相對的氣自己總是考不出好成績。對於馬上要成為國中生充滿的恐懼，因為媽媽再三告訴她小學沒讀好，將來中學也不會讀好，想進大學更是做夢，這輩子注定沒出息了。

這封信在我眼中卻是寫得十分有條理，完全不是她媽媽說的「笨」孩子寫得出來的。不過我擔心她媽媽要是再這樣什麼都懂地聰明下去，這個孩子可能真的要一事無成「沒出息」了。

就成熟的本質看，像這樣什麼都懂的人，不管他在工作上有多麼優越的表現，都不能算是完全成熟的人。因為：一、他過分自我中心，只誇耀自己，從不懂得人都有不同層次和角度的長處；二、他不懂得社會是由不同的小我凝聚成大我，天生我材必有用，人盡其才的社會才是理想的社會，只要盡力，誰都不是沒出息的人。

什麼都懂的聰明媽媽，常常教育出畏縮、自卑的孩子，這是一個典型的例子。

# 3 毫無主見的媽媽

和「什麼都懂的媽媽」完全相反的，是怯懦、毫無主見的媽媽。還是先用一封國中小男生的信做引子：

「我媽媽真是慈母，她又溫柔又慈愛，可是有時候我又很生她氣，因為不管我和哥哥怎樣乖、聽話、用功讀書，爸爸好像都不滿意，總是找一些雞毛蒜皮的事情來責罵我們。這時候我多麼希望媽媽會幫我們呀。還有明明媽媽沒錯，爸爸還常罵她，她只會哭，我好生氣。每次問她什麼問題她都說不懂。」

和「什麼都懂的媽媽」是兩個極端，這樣的媽媽任勞任怨、謙卑怯懦，在某一方面，譬如照顧孩子的飲食起居，她總是無微不至，奉上最好的給他們，因此絕對是好母親。但是在今天的生活環境中，母親要給孩子的絕不是豐衣足食就夠的，犧牲奉獻也不能算是美德。

一個成熟的女人在做了母親以後，她就會明白自己教養孩子的方法，絕對會影響孩子身心的發展。由於她自己的成熟，她也會清楚母親這個角色的特性。

第一，母親在家絕對和父親地位是平等的，在動物天性的本能上，她會對孩子負起更多的責任，但她不是父親雇用的奶媽和保母。我曾親耳聽一個父親在出差離家前對妻子說：「你替我好好照顧兒子，要是有什麼病痛，回來唯你是問。」那位妻子正是典型怯懦而毫無主見的媽媽。自認為次等角色的媽媽，絕對會影響孩子心理的。

第二，要有適度的自信和理性的主見。旅美女作家簡宛曾寫過一篇文章，題目是〈你敢管教孩子嗎？〉，的確，在人人嬌寵孩子的今天，「敢」給孩子定下一些家規的母親，是需要勇氣的，而這勇氣就來自適度的自信和理性的主見。

人在成長的過程中，需要合情合理的規範，否則他反而會覺得徬徨。而母親應該是最早的、最能了解的、給他規範的人。他也許另有崇拜的偶像，另有尊敬的師長，但如果有一位可以給他合理規範的母親，成長的過程就會順利得多了。

# 4

變調的母親

# 善變的媽媽

「善變」兩個字用在女人身上，都是負面的形容詞，但是我用來形容卻毫無惡意，只是借來形容某一類型的媽媽而已。

年輕人有一句絕妙的形容詞「翻臉像翻書一樣」，我也想借用一下，當然這裡的「翻臉」也不是惡意。

事實上我只想談談，一種情緒極不穩定的、不成熟的女人在做了媽媽以後，她可能給孩子帶來什麼樣的困擾。這樣的媽媽本身很容易受到外界事物影響，而干擾了自己的情緒，同時又不知道怎樣控制或紓解，更糟的是把自己的情緒轉嫁到別人身上。

如果她是個全職的媽媽而孩子整天跟著她的話，孩子往往就是她「最方便」的對象。「陰天打孩子——閒著也是閒著」，這句歇後語是最妙的詮釋。情緒不穩定的媽媽常常會造成自己情緒不好、孩子遭殃的情況。

我曾經在一本心理書上讀到一個典型的例子，說丈夫在辦公室受了氣回家罵太太，太太挨罵打小孩，小孩挨打就踢小狗。人是情緒動物，我們或多或少都犯過這樣的錯，但是成熟的人會懂得這種錯不能常犯，犯了會有什麼後果。

做媽媽的大都也有過十分奇妙的經驗，即孩子可愛的時候，自會有摟著他親他吻他愛得心疼的「心動」；但可恨的時候，又有恨不得打他罵他捏他的「衝動」。面對這樣極端組合的生命，一般人是很難絕對情緒穩定的。

我自己就曾經在摟著孩子又親又吻時，忽然聽到他們坦白了一樁壞事而立刻勃然大怒，找「家法」要揍他。也曾經在處罰他們時，看到他們無邪可愛的模樣禁不住笑起來，真是「翻臉像翻書一樣」。幸好我相當的「知錯能改」，知道這絕不是教養孩子正確的方法。

我再三強調一個女人必先要自己成熟，才能勝任媽媽的角色。媽媽要不斷學習才會越做越好，成熟是學習最需要的基礎。有一些「全職主婦」媽媽，自己組織社團，互相扶持成長並學習，也請專家指導，這也是女性的一種自覺。

# 5 怕孩子的媽媽

前文提過，作家簡宛女士曾寫過一篇文章，標題是：〈你敢管教孩子嗎？〉，媽媽在直覺上一定會理直氣壯的回答「當然敢」。但是平心想想，誠實回答，有時候我們真「不敢」管教——如果我們管教的方法「不順利」的話。

記得我在兩個兒子小時候訓練他們做家事，的確很用了一番勇氣，因為他們曾經堅持：「人家同學都不洗碗，洗碗是媽媽漢（和）姐姐的事。」而我也堅持：「家事是全家人的事，全家人都要分擔。」兩個小男生嘟著嘴站在洗碗槽邊，萬分不情願的做著大家認為是「女人的事」。廚房窗外他們的小玩伴一疊聲的呼喚他們出去玩；我告訴兩個兒子，一個辦法是向同伴說洗好碗出去，另一個辦法是要他們進來幫著洗。

我的堅持絲毫不損我和兒子之間的親情，只因為我成長且成熟到懂得管教是必

須的，家教是培養孩子責任心，而且也幫助他們成長的最大力量。

說「不敢」管教子女，也許我們都不肯承認，但說「捨不得」管教，卻是隨時可看到的事實——亂發脾氣、無理取鬧的小暴君；在公共場所大吵大喊、亂跑亂鑽的小搗蛋；認為全世界人都負他的叛逆少年少女；對父母予取予求的兒女，都是父母的心肝寶貝，捨不得管教。

要不然就是過分懾於專家的教育理論，或僵化，或斷章取義，生怕管教的結果傷害了孩子身心。譬如說讚美鼓勵孩子是正確的教育理論，但是過多的或盲目的讚美一定會產生副作用，孩子可能會長成一個受不得半點打擊或挫折的人。

「不敢」管教孩子的媽媽，缺少做媽媽的自信，「捨不得」管教孩子的媽媽，缺少做媽媽的知識，沒有自信和知識的結果就成了「怕」孩子的媽媽。孩子當然還是愛這樣的媽媽，但是他們也會欺負這樣的媽媽。可怕的是，他們還可能變成目中無人、心中無法紀的人，甚至成為社會的罪人。

母愛不應縱容一切，母愛也必須有是非、有原則，不要做一個「怕」孩子的媽媽。

# 6 勢利的媽媽

父母的愛是無條件的，當然！但是人性有基本的弱點，不成熟的人往往讓一些弱點滋生得毫無節制，譬如說做了父母以後，竟會因自己的好惡和偏見，而在不知不覺中成了偏心而勢利的父母。

據說偏心是很難治的「病」，因為這像愛情一樣是不能勉強的，縱然同樣是親生骨肉，但有些父母就是會偏愛某一個孩子；可是勢利就是一種很需要調整的心態了，否則對孩子心靈的傷害是相當嚴重的。大約歸納一下我收到的信件，訴說父母「勢利」（當然孩子不敢用這個形容詞）的情況有：

——家裡面讀書成績最好的孩子，他們是家中特權份子，可以免除很多「雜役」，可以發表意見，可以得到最多的讚賞。

——成年以後最會賺錢的孩子，雖然父母不一定從他們那裡得到比別的孩子更多的孝敬，但是父母就以他們為榮。

——最漂亮、嘴甜的孩子，他們像是家裡的招牌，總是他們在亮相，接受別人的讚美和父母得意的愛。

「勢利」的父母除了製造孩子之間的嫉妒，以及條件較差的孩子自卑心以外，更混淆了他們的人生價值觀。以為必須符合這些條件才是「有價值」的人；他會因達不到這樣的標準而放棄自己，甚至怨恨父母，因為他是同樣的父母生出來的。

成熟的女人在做了母親以後，會了解並接受每個孩子的個別差異，客觀地發掘每個孩子不同的優點。到底俊美和平凡、聰慧和愚鈍都不是孩子自己能決定的，遺傳加機運造成每個孩子不同，人類的社會也得靠這種不同才能維繫和發揮下去。

如果家裡有了「勢利」的父親，就更要靠媽媽的成熟和智慧來平衡孩子受到的差別待遇。若媽媽的「勢利」甚過父親，那的確是孩子的不幸。一個人將來能不能自尊自重自信，都是父母幫他們奠定基礎的。

變調的母親

# 7 把孩子當財產的媽媽

《先知》（*The Porphet*）的作者紀伯倫（Kahlil Gibran），曾經寫過一句讓很多人不能接受的話：「孩子不是你的財產。」但是有的父母就是把孩子當作財產，他們有支配權，孩子自己反而沒有「處理自己」的權利。當然，生孩子的辛苦不比掙一筆財產更容易。何況這筆「財產」是來自自己的血肉，是自己生命的延續，按理說寶貝的程度是任何財產都比不上的。可是如果真把孩子當成財產，一定會產生幾種心態。

首先就是炫耀。有的父母也許想不到，有時候孩子多麼痛恨在人前表演，特別是比較內向的。曾經有個大一的女孩告訴我：「每次回想到小時候被父母拉到客人面前跳舞唱歌的情景，就慶幸總算長大到不受父母擺布了。當年父母『引誘』我去表演的笑臉，有時竟成了我的惡夢。」

大部分父母會為了好玩，讓孩子在朋友面前唱歌跳舞。但是他們不勉強孩子，把孩子當財產的父母就非達到炫耀的目的不可。

其次是強烈的支配欲。孩子是人，有獨特的性格（絕不會完全具有父母的性格）、性向、意志、觀念、天賦、好惡，父母的任務是就他們的這一切來教育輔導。把孩子當財產的父母，會像運用他們的財產一樣來支配孩子「成為」什麼樣的人，不幸這常常是無法成功的。沒有生命的財產可以由主人支配，有生命的孩子卻不行。

然後是期待收回利潤。孩子獨立後，有能力回報父母是彼此的喜悅，他們能做多少父母不計較。大自然的法則是公平的，他們同樣要負養育子女的責任。可是把孩子當財產的父母卻把教養孩子當作投資，多年後如果孩子果然成為財源滾滾的高收入者，父母欣喜投資得到豐厚的利潤；如果孩子不幸只是個最平凡的小市民，父母就會把得不到利潤的懊惱加在孩子頭上。

一個成熟的女性做了母親以後，她自會懂得教養孩子這個耕耘的工作，收穫的永遠不是金錢，而是子女良好的品格。

# 8 嫉妒的媽媽

夫婦間剛有孩子以後，常常會產生「嫉妒的爸爸」，因為妻子全部精力、時間都放在孩子身上。但孩子成長以後，有些媽媽卻嫉妒起來，而且專以女兒為對象。

曾有一位署名「迷惑而可笑的女人」的讀者寫信給我說，有一天她赫然發現自己竟然在嫉妒那聰明、漂亮、可愛的女兒時，不禁被這樣不正常的心理嚇住了。女兒從小就特別受父親寵愛，她丈夫每天一回家就摟住女兒又親又咬的，對她卻有時連看都不看一眼。但女兒畢竟還小，媽媽在女兒心中還是重要角色，因此她也是女兒「纏愛」的對象。現在女兒十幾歲了，樣樣出色，做母親的應該欣慰才對，但是她見女兒還是像小時候那樣和父親親熱就覺得不舒服；而且女兒不再像以前那樣需要她。見女兒充滿青春的美貌，活躍在學校和家裡，內心的感受極為複雜，喜悅、羡慕、妒嫉糾纏在一起，她氣恨自己不像一般媽媽那樣完完全全的接受女兒、愛女兒，她懷疑自己有點精神不正常。

我不知道專家對這個個案怎樣分析，而我認為這還是媽媽不成熟的性格作祟。不成熟的人往往弄不清自己扮演的角色特性，所以媽媽會與女兒爭寵，但是對異性的兒子卻不會有這種心理。不成熟的媽媽對於年華漸老這個事實尤其不能接受，我曾見到有個媽媽堅持要女兒喊她阿姨而不是媽媽，她害怕幾乎和她一樣高的兒女會顯出她的年齡。當然，老對任何女性都會造成威脅，只是有輕有重，有人會在心理上調適有人不會而已。

像這位母親，如果丈夫和女兒親熱，與其嫉妒，不如設法和女兒做朋友。長大的女兒在生活上的確不大需要母親照顧，但如果和母親能像朋友那樣談心，甚至談談自己喜歡的男孩，女兒自會逐漸和母親接近，畢竟母親和女兒都是女人。

訓練自己成長是很重要的，然後才會懂得夫妻之愛、父母子女之愛各有不同的意義，丈夫不是情人，更不是父親，就不會要求他像女兒一樣的愛自己。成熟的人才知道怎樣看待老的現象，從內心悅納漸增的皺紋和白髮，也才能真正自在的欣賞年輕人，包括自己的女兒。

# 9 過度保護與干預的媽媽

變調的母親

我以為現在的年輕人有更多的自主權了，沒想到「我媽說的……」，「我媽不讓我……」這一類的「理由」還時常聽得到。他們的媽媽大約四十歲左右，應該是觀念較新的一代，但是她們把子女這項「財產」看得緊緊的，為什麼？她們應該受過較好的教育，懂得更多教養孩子的知識，為什麼不培養孩子獨立自主的人格，尊重孩子的性向，卻過度的保護及干預？

我的觀察是：很多新一代媽媽或是事業有成，或是在家中頗有地位，加上常識豐富，於是自信心特強，總認為孩子需要她的指導。無論是人生的方向、生活的方式，以及待人處世的態度，她「一定」懂得比孩子更多。

從孩子小的時候，她就參與並且決定孩子該如何做：「太陽是紅的，怎麼能畫成綠的」，「這篇作文要這樣寫才對題」，「今天要穿這件黃色的衣服配咖啡色的鞋」。

有位決定把女兒送出國讀大學的媽媽，從選地區、選校、選系全都包辦。然後親自送出國，替女兒選住處、買車、買家具、用具……。但女兒的一生還長著呢，她未來的路如何走？

我真好奇「下回分解」究竟如何？

有人說現在大家孩子生得少，特別珍貴。世道這麼亂，當然要加強對孩子的保護。但成熟的人知道保護不等於干預，而且知道過度和適度是大不同的。誘導孩子發展自己的性向和潛力是適度的協助，自己認定孩子該如何發展是過度干預。教孩子如何保護自己是適度的指導，限制孩子的行動是過度的保護。

印度詩人泰戈爾（Rabindranath Tagore）說：「父母是弓，兒女是箭。」你能永遠不把箭射出去嗎？

愛孩子不應該把孩子當成自己可以操控的「財產」，更何況在父母過度保護及干預下長大的孩子，極可能變成毫無主見，也讓別人操控的人呢。

# 10 緊張的媽媽

約莫是十年前，我聽到一個真實故事：一位年輕母親因怕獨生子受到汙濁的空氣薰染，或吃到什麼細菌生病，所有孩子吃的玩的全部再三煮沸或用酒精消毒；絕不帶孩子搭公車或到公共場所，平時也不讓孩子外出，大都關在一塵不染的家裡。但是這孩子在一歲多時，帶到醫院檢查是否感冒咳嗽，結果卻再也沒回家。據說，是由於過分缺少抵抗力，不知感染了什麼細菌病毒而不治。因為父母不可能讓他永遠生活在無菌的環境裡。

這不是常見的例子，我想說的是：過度緊張的媽媽，也許會造成意料不到的結果。

另一個真實的故事是：一個高齡得子的父親太愛兒子，事事無微不至的照顧，為了讓兒子營養好，餐餐飯桌上都把菜挾在孩子碗裡，非要他吃下去不可。最後這個性格比較內向乖順的兒子，竟成了一家精神病院的病人。

過度緊張的父母，也會造成孩子精神上的壓力。

大凡過度緊張的父母，都是惟恐孩子成長中會發生什麼意外，或是老認為自己愛得不夠。尤其近來一般夫婦孩子生得少，更是戰戰兢兢。曾經有位計程車司機對我說，他堅持生兩男一女是因為萬一其中一個發生意外，他還留一個兒子。這種邏輯固然讓人啼笑不得，但也反映了一部分父母的心態。

今天一般人物質生活水準提高，對孩子身體上的照顧，也許不會有十年前那位母親「生怕孩子髒壞」的顧慮，但是緊張型的父母又把這份「緊張的愛」轉移到孩子心理上：「早上罵了他一句，不知道會不會還難過？」「剛才應該誇獎他的，糟糕怎麼忘了？」「他今天放學好像不太開心，晚飯也沒吃好，是不是受了委屈？」「買鋼琴的錢還沒湊齊，怎麼辦？他的同學都有自己的琴了。」更有一位母親自責：「我沒讀大學，知識太差，孩子問的我都不懂，我常覺得好慚愧。」

一個成熟的母親決不會經常處在緊張狀態中，她是自在而自信的，孩子自然也會正常成長。

11

變調的母親

# 不像媽媽的媽媽

媽媽應該是什麼樣子？曾經有位小學老師開玩笑地說：「我班上的小朋友只有一個媽媽，因為他們在『我的媽媽』這個作文題目中，寫的媽媽都一樣（『我的爸爸』也一樣）。」

孩子心中的媽媽的確都有一個「樣子」，超出那個「樣子」太多，就「不像媽媽」了。記得我曾經舉過一個真實的例子，有位媽媽為了表示和她十幾歲的女兒是「朋友」，女兒邀同學舉行舞會，她穿了年輕得讓年輕人瞠目的服裝，然後「活潑奔放」地與那些十幾歲的孩子一起跳舞。弄得那些半大孩子十分尷尬，跳也不是，不跳也不是，過後孩子批評她的樣子是「不像媽媽」。

現在的媽媽無論心情、觀念、外表、行為舉止都比過去的媽媽要年輕得多。孩子也喜歡媽媽漂亮、不用權威，更是他們的好朋友。但奇怪的是他們又不希望媽媽太時髦、太天真、太招搖、太沒有分寸，尤其是十幾歲的子女，在這方面幾乎是苛求的。如果父母（特別是母親）被同伴批評或嘲弄，他們會生氣，認為父母讓他們難堪。

做個現代媽媽等於在舞台上一人兼飾幾個角色，她要像老師卻不是真的老師、像保母卻不是真的保母、像朋友卻不是真朋友、像……。所以如果你把每個角色都演得像那個角色，那你就不像媽媽，但是如果你只演媽媽卻沒有那些角色的成分在內，也不像個現代媽媽。

只有成熟的女性才懂得怎樣調和，也只有成熟的女性才懂得怎樣學習把幾個角色融為一體。

當然，骨肉親情是一股強有力的黏合劑，「不像媽媽」的媽媽仍然能得到孩子的感情，但當孩子年齡、知識增長到某一種程度以後，她們就不容易得到孩子的尊重。這也正是很多中年媽媽痛苦的來源之一，她們覺得被孩子「拋棄」了。

其實做個現代媽媽也不頂困難，不要被太多的理論嚇倒，不要太急切強迫自己做一個人人誇好的媽媽。不過，基本上必須不斷成長、成熟。

# 12「女強人」媽媽

不要以為只有事業成功的職業女性叫做「女強人」，有些純家庭主婦也是女強人。她治理一個家真像治理一個王國，在這個王國裡，有種種全家人必須遵從的規矩。當然，她更是全力以赴，做到人人誇好的標準。她不允許自己有任何缺點，也絕不讓自己的家人有任何的缺點。

她的丈夫和孩子永遠穿得光鮮整潔，連一方手帕也燙得十分平整。她的家可以戴著白手套觸摸任何地方而不沾汙。她掌管經濟大權，買任何東西都不曾吃虧上當。她對家人以及親友的生日都記得清清楚楚，而且不曾忘記送一份最合適的禮物。她無論居家或外出，總是一絲亂髮都沒有，連懷孕時也不例外。全家人作息都要嚴格遵守時間，星期假日外出郊遊，誰都不能缺席。

這不是我捏造的人物，而是我從讀者來信中歸納出的一位女強人式的媽媽。看起來真是理想的典型，但是，其中一位媽媽的女兒在十七歲時成了未婚媽媽，二十幾位丈夫有外遇，七、八位經常服鎮定劑。女強人式的媽媽太累了，也患上了女強人併發症。

一般說來，這類媽媽由於她們嚴格的要求，全力的投入，孩子在上中學以前功課成績不錯，品行也良好。但在人生轉捩點的階段——青少年時期，常會突發一些反常的現象，做出讓父母大吃一驚的事情。等到他們長大以後，有的和母親感情很淡，女強人式的母親在他們眼中已經不夠強了。

「完美主義者」往往因追求不到百分之百的完美而沮喪、懷疑，嚴重的可能會精神分裂。因為「完美」太難下定義，也難劃範圍，更沒有標準。每個人都不是一個產品，人是活生生的有機體，單拿外貌來說，同樣的五官，世上就沒有兩個人是完完全全一樣的，連雙胞胎都有些微差別。試問「完美無缺」的人又有什麼樣的標準呢？

女強人式的媽媽，如果不放棄追求百分之百的完美心態，遲早在身心上都會百病叢生的。

# 13



## 我們都可以過關

一位朋友在電話裡說：「你把我這個做媽媽常犯的毛病都寫出來了，你怎麼摸得那麼清楚？」

另一位讀者來信說：「看你數落那些媽媽，嚇得我都不敢做媽媽了，生怕成了你筆下其中的一人。」

其實，我能「摸」得那麼清楚，是因為我也曾犯過，但是我不斷從帶養孩子的實際過程中成長，學習做一個成熟的母親。事實上，一個成熟的人，並不等於是一個完美無缺的人，她還是會犯錯，但是知道那是錯的，更重要的是不執著地繼續錯下去。

「為什麼你會知道那是錯的？」有人也這樣問過我。這一點我比較幸運，專家要經過研究統計分析，發展出一套理論，而我走了捷徑看到結果。多年來一些比較失敗的媽媽教養出來的孩子，直接向我投訴他們的痛苦。我很用功的請教專家，歸納出來這些「愛的錯誤」。我們或多或少都可能犯過，但是太嚴重的就會造成很大的影響，這影響會隨著子女一生。曾經有一則外電報導，美國內華達州一個連續殺了十幾個人的殺人犯柯爾，殺人的動機竟然是年幼時遭母親虐待而心生這樣殘暴的報復心，真讓人不寒而慄。

當然，中國的母親百分之九十不會虐待孩子，可是母親本身如果在性格或觀念上有極端的偏失，養育出來的孩子也很難有平衡而正常的性格。這幾乎是「種瓜得瓜」的真理。我「數落」那些媽媽，不是在批判——因為她們今天的性格和觀念會偏失，也是由於她們不幸有位不成熟的母親。我只是期望準媽媽和媽媽能極力避免這種不幸，在看看實際的例子以及吸取學者專家的知識雙軌進展中，做一個成績不錯的媽媽。

基本上一個「定律」是：先做個成熟的女人，然後再做一個成熟的媽媽。今天的女人可以選擇不做媽媽的人生，如果做了，就要做一個成績不錯、快樂的媽媽。不過別怕，這不像聯考，我們都可以通過這一關「考試」的。

第四篇

# 冬：不變老，只變好

一位朋友半開玩笑的說：「你的《一個女人的成長》已經長到中年了，『她』該完全成熟了吧？」我說不然，從我接到的讀者來信看來，很多人到了中年，會再來一陣徬徨不寧、情緒煩躁的時期。專家的名詞是「更年期」或「空巢症候群」，我倒想造一個「第二度青春期」名詞。因為我發現有些女性也像面臨第一度青春期那樣，對身心變化有點手足無措。

第一根白髮、第一撮魚尾紋、孩子第一個異性約會的電話、不再準確的經期、別人對她的稱呼升級、年輕人對她特別尊敬的態度、丈夫對她追求時髦的嘲笑等，都會讓某些進入中年的女性心驚。

如果她不夠成熟，可能會產生兩種狀況。

一是失掉安全感。在家裡唯恐「色衰愛弛」，對丈夫越來越不放心，盯得緊，查得勤。半輩子為兒女付出，極不願有人「搶」走她的心肝寶貝，所以凡是子女的異性朋友都得防著。

另一是失掉自信心。曾聽有位中年女士對她朋友說，每早洗完臉對著鏡子時心緒低落，直到一層層胭脂蜜粉敷上後，才開始有信心面對一天的生活。這是外貌上的。職業婦女眼見後浪推前浪，而且年輕女性反應靈敏，比上一代更有機會受高等教育，工作能力似乎更強，中年女性便漸漸沒有自信、畏縮，混到退休算了。

這兩種狀況會有些共同的「症候」，即嘮叨、疑心病重、情緒不穩、用無病呻吟引起丈夫和子女的注意、不再上進、過分愛漂亮，或過分像少女一樣幻想虛無的愛情等。有的中年女性身「患」數種「症候」，有的則一種兩種不等。

然而中年的確是收穫期，成熟的人會享受豐收，不成熟的人則認為無作物可收。如果把中年當成「第二度青春期」，那麼雖也有短暫的手足無措，卻畢竟有了幾十年的人生歷練，展望未來的半生，正也可以好好打點計畫一下。除了體力精力不如年輕時，腦力智力不應輸給年輕人，空餘時間也比年輕時更多些，這正是活好後半生的本錢。

二度青春期

1

# 家庭主婦的在職進修

曾聽過一位電視劇導播說：「看連續劇的都是家庭主婦，所以要投她們所好，不能太有深度。」如此為自己拍不出好的連續劇而「嫁禍」給主婦，我只能說他是白癡。

但是，一個成熟的女人，如果她選擇了婚姻，決定生孩子，就不會否定家庭主婦的價值。不管有沒有另外擔任職業婦女的角色，她都會抬頭挺胸，充滿自信的承認她是一個家庭主婦。

由於她的成熟與自信，會把家治理得適合全家人居住。家人都能成長、快樂、身心健康。由於她的成熟與自信，會使自己的能力得到充分的發揮，絕不自卑、抱怨。即使她為了孩子而暫時或長久放棄職業，仍然有一片廣闊的精神天地，絕不落伍閉塞。

在「女子無才便是德」的時代，一個女人的成熟大都要靠生活的磨練，磨到所謂「人情練達」才算成熟。而今天的婦女可以靠廣吸知識成長，這些知識並不全是從學校得到的。事實上很多高級知識份子處理真實生活時，卻像個「低能兒」。所以沒受高等教育，絕不影響一個人的成長和成熟。

今天很多行業都重視在職訓練、在職進修，家庭主婦也是一種行業，因此我贊成純家庭主婦應在丈夫的收入中，列一份自己的薪金。而且這個行業所需的知識極廣，家庭主婦如果認真的、有計畫的吸收，就絕不會再有空閒看那麼多電視劇、天天上菜場，或逛百貨公司，或無聊得發慌了。

我曾說過「無知是悲劇的根源」，那不是無的放矢，的確是多年來接觸到的真實情況。除了感情悲劇大都是性格造成的以外，很多婦女的悲劇是由於無知。

成熟而有自信的女人也不是一天造成的，我看過不少這樣的家庭主婦，她們都是孜孜不倦，並不因為不是學生、不是職業婦女而懶散下來。知識累積的結果，自然會超越家庭主婦職業的需要，那麼儲蓄起來，有機會用到的話，就可以另有一番發揮了。

二度青春期

# 2 不惑的單身女性

中年而成為獨身的女性似乎有越來越多的趨勢。

一部分是從未結過婚的中年單身女郎，她們大都學有專長，有不錯的收入。由於年輕時專注於求學及事業上的發展，埋頭奮鬥，不知時光之飛逝，一抬頭「輕舟已過萬重山」——三十大關、四十大關已然流過。此時學業、事業雙雙有成，才開始關心婚嫁大事（不一定是終身大事）。不公平的事實是，絕大部分的中國男士仍然要執著於娶個比自己年輕的妻子，結果很多成熟、能負起婚姻責任的中年單身女郎，就十分不容易有結婚的機會。

另一部分是離婚而成為單身的女性，有學者認為，台灣近年來「離婚案件高速成長，已經成為社會結構改變的一個暗層活動」。離婚會改變社會結構，這現象幾乎已到個人力量很難有什麼影響的程度了。這些單身女性比前者多了一些附帶的問題──在事業上的再起步，或加倍努力拓展，因為她們很可能要負擔養育子女的責任，及怎樣和孩子相處等。

無論是什麼原因而成為中年的單身女性，她們的生活情況大約不外兩種，一是活得還不錯，身心健康，快樂而積極；另一種是正好相反。我想除了有特殊性格的人（譬如說能享受痛苦的）以外，大多數人希望活得好。我曾在請教和觀察之下，發現那些快樂而積極的中年單身女性，有些共同的生活態度。

第一是不自我中心，越是不把「我」放在眾人之上的越快樂；第二是不把結婚和再婚當成人生大事，她們自然、坦然的面對單身這個事實，因此別人的「關心」不會造成困擾；第三是雖不自我中心，卻也不忽視或虧待自己，在能力範圍以內，允許自己享受精神和物質生活；第四是關心自己以外的人和事物，越是能付出的，越是收穫多。而這四點也正是成熟的特質。

我相信中年的單身女性對未來的社會有舉足輕重的影響力，她們活得好壞還不僅僅是影響自己而已。

二度青春期

# 3 做個快樂的黃金單身女郎

「黃金單身漢」在社會上吃香得很，他們自己也沒有心理壓力，愛情自由，婚姻到時如需要也沒問題。而「黃金單身女郎」卻是冷暖自知，全靠自己能不能成熟面對了。

也許現在女性遲婚的比率很高，女性在四十歲左右仍然面臨別人「催婚」的煩擾。很多母親永遠不死心地，用各種方法要女兒嫁出去，親友處處留意有沒有「合適」的對象，要替單身女性做介紹人。未嫁的女性則隨著自己的年齡以及閱歷的增長，發現合適自己心意的男性越來越少。常聽她們說：不是抗拒婚姻，而是沒有我要的對象。至於離婚率從來就是加高而不降低，女性的年齡層也隨著增高，不能忍受配偶和婚姻的女性有很多主動要求離婚。女人不再擔心成為單身，如果能適應得好，也是一種生活方式。

未婚的女性要自問，別人的「催婚」，或是譏嘲的語言——例如老處女——會不會造成心理障礙？如果成為某男人的情婦，能不能不覺得委屈？如果未婚生子，能不能獨立撫養？能不能給孩子良好的成長環境？這些都是非常實際的問題，如果處理不好，單身生活就不可能快樂。

我發現要做一個快樂的單身黃金女郎，一定得先了解自己的問題，還要有能力解決自己的問題。一位單身朋友面對「催婚」的人總是平靜而堅定的說：謝謝，我還不想結婚。然後就把這事拋到九霄雲外，不再煩惱。更有未婚生子的坦然說：我絕不躲避，讓孩子一輩子覺得自卑。當然有人抨擊這種行為，但既然做了，勇敢承擔比較不會傷害孩子。

單身尤其需要有朋友，有獨立的經濟能力，有豐富的精神生活，還要有平衡的心態。在電腦成為現代人生活重心的今天，聽說有一些單身女士在網上找到再婚對象。如果自己心理夠成熟，有把握從網上了解對方，可能也要實際交往、有更真實的了解才好。

怎樣過好單身生活，真的要靠自己的成熟。

二度青春期

4

# 再耕耘的好時機

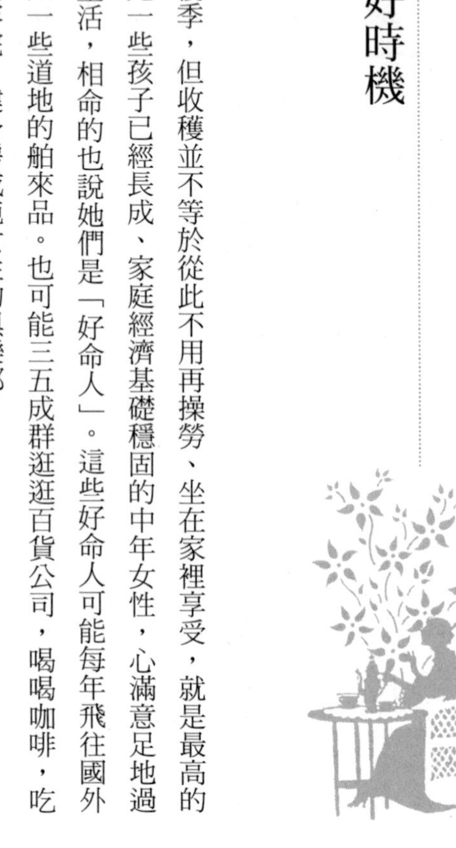

中年是收穫季，但收穫並不等於從此不用再操勞、坐在家裡享受，就是最高的生活目標。常見一些孩子已經長成、家庭經濟基礎穩固的中年女性，心滿意足地過著優裕閒暇的生活，相命的也說她們是「好命人」。這些好命人可能每年飛往國外看看子女，帶回一些道地的舶來品。也可能三五成群逛逛百貨公司，喝喝咖啡，吃吃館子，上上美容院、健身房或純女性的俱樂部。

她們沒有什麼不良嗜好，當年也曾和丈夫胼手胝足地創業，而自己更兼養兒育女的艱苦。如今難道不該享享福，慰勞自己？但是當有些「好命人」竟然也向我訴苦，認為生活空虛無意義時，就更證實了自己一向很沒出息的想法：物質永遠不能使生命充實。

我也認識一些「勞碌命」的中年女性，她們在不需要為謀三餐而拚命以後，卻不停歇地、如饑如渴地食精神之糧。有一位發誓讀完《二十五史》；有一位打定主意在兩年以內，讓自己的文章能達到見報的水準；還有一位說她非要把電腦搞懂不可；另一位則說她立志把丟了二十年的英文從頭複習，然後要做個翻譯工作者。人到中年學習意願和能力比年輕多少是差些，所以她們認為要帶點強迫，才不會三天打魚兩天曬網。

生命的意義以及生活的價值都是因人而異的，但不使它空虛應是一個共同的原則，行尸走肉般的縱使錦衣華屋相信也不是真快樂。中年有更成熟穩定的性格，更圓熟的處世態度，更廣闊的見聞，都是再耕耘的好條件。而且沒有太大的「謀利」壓力，患得患失的心理也就減輕了。如果任由這些好條件荒廢，實在是生命的大浪費，間接的也是社會的浪費。

曾聽一位男士刻薄地批評中年女性：「頭腦空空，滿身俗氣，真不知她們年輕時的靈氣到哪裡去了？」其實這樣的中年男性也不是沒有，凡是生活空虛的，又怎能凝聚靈氣？看來「好命」也就不能解釋為「美好的生命」了。中年是收穫季，也是再耕耘的好時機。

二度青春期

# 5 不嫉妒年輕女人

穩定的生活讓人不大感覺得出歲月的腳步，「彷彿是一抬頭間，女兒已是亭亭玉立，由於營養好，而且從小讓她習舞，所以她的身材強過我十倍。沒受過生活波折，神采煥發，今年剛考上大學，對未來有說不完的美好計畫。作為母親，我很高興女兒出落得如此美好。但是反觀自己的半生，當年的窮困使我發育不健全——平胸，加上中年後的凸腹，也沒機會受到更好的教育，雖然努力自修，卻總是缺少更高的學歷。結婚後只忙著盡妻子和母親的責任，我究竟為自己掙來什麼？不禁嫉妒起女兒來了，我看中年是哀多樂少。」

我反覆讀這封信，想到生命的成長和遞嬗同樣是充滿喜悅和痛苦，還有徬徨和不安。

這位母親的矛盾心情我認為是正常的，她誠實地剖析自己，正道出何以很多中年女人在更年期變得那麼反常。她們不一定是嫉妒自己的女兒，卻難免不會嫉妒其他年輕的女性。大多數的這一代年輕女性，都比她們的母親有更好的成長環境，無論是內外在，可能都強過她們的母親。

成熟的中年女人會理性地接受這個事實，就算真有魔鬼要她用靈魂換取重回青春，她也不會自找痛苦。成熟的人是展望未來，過好現在的生活，絕不追悔過去。像這位母親正好可以在子女不再需要她照顧的今天，好好的設計現在的生活（而不是嫉妒女兒在計畫未來），如果外表真的讓自己自卑，健美操、瑜伽等，都可以幫助自己有一個「美好的中年身材」。

在我們現行的教育制度下，中年人的確很難再獲得學校的文憑，與年輕人擠聯考的窄門也沒有什麼實質的意義。不如追尋真正的知識，讓自己更充實、自信。有些心理學書籍告訴年輕人「如何改造自己」，事實上中年人也未嘗不可參考。給自己一些小小的目標，加一點壓力去完成。最重要的是學習欣賞年輕的女人，或獎勵自己，由於自己的努力，女兒才有今天的美好，可以使心情平衡。真正學會欣賞，保證能得到快樂。

# 6 從全職母親退休

據說有些女人在接近四十邊緣時又努力懷孕生孩子，理由是可以排除寂寞，照顧那「老來子」打發日子，所以她們到了中年還忙著呢。

還有更多的女人服膺「孩子沒結婚前永遠是孩子，永遠要操心」的「真理」，真的不等自己閉眼蹬腿，絕不放棄母親的責任。

這都是母性強烈了不起的女人，但是想想老來子真能永遠排除寂寞嗎？且不談優生學和人口爆炸等大問題，只單純的想想，子女總有長大離開的一天，而且不必等長大，你越是想把他們拴在身邊，她們就越是要掙脫。除了增加生活中表象的忙碌以外，真正的寂寞，孩子不懂也不會幫母親排遣。何況母女年齡差距越大，代溝也越深。至於那些已成年的孩子，母親越是「盡責」，他們越是嫌煩，所以這樣到老到死都不肯稍稍卸下母親擔子的女人，活得太累了。

中年，子女長大、家事減輕、經濟狀況改善，正是脫下母親職責為自己而活的黃金年華。不要老想著自己是個母親，要想著自己是個獨立自主的人。從「人」的立場來看，有哪些事情可以發揮自己潛能的？有哪些事情是你以前做母親時想做而沒有時間精力做的？至於子女的事一定要讓他自己管理，就是求助於你的時候也不必全部包攬下來，否則你就永遠被母親的擔子拖住而不得前進。

母親是偉大的，但必須有退休的年限，從全職母親退休做子女的顧問就夠了。延續生命並呵護生命的成長、成熟已經盡了職責。如果女人平均活六十歲，那麼前二十年是自我成長，中二十年是照顧下一代成長，後二十年必須「還我自我」，人生才不浪費。

在逐漸步入後二十年的中年階段，體力腦力都還能保持旺盛，如果只對母親角色戀棧不捨，就未免辜負這旺盛的體力和腦力，也是一種多餘的、不必要的奉獻。母親是女人的職責之一，不是女人全部的天職（不結婚生育的女人也絕不是不完整），中年可以從全職母親退休了。

中年危機

# 1 去他的更年期

「更年期」對女性來說，不但是個恐怖的名詞，而且也成了一個被嘲弄、貶斥的名詞。好像所有的中年女人一定會變得嘮叨、多疑、不講理、莫名其妙發脾氣、無病呻吟等。而一個女人無論是不是到了更年期年齡，只要她是如此這般，也就被加上「更年期」之名。於是某些正在這個年齡的女性，就像中了咒似的，非發一陣子更年期毛病不可。

事實上很多醫師再三強調，更年期固然在生理上有所變化，但所有讓自己和別人不愉快的症狀，都是心理不能調適引起的。政大心理系教授李美枝在《女性心理學》書中的一段話十分明白：「如果母性及女性特質是一個婦女的主要自尊來源，她對更年期的反應會比較強烈。反之，若個人的尊嚴來源建立在多方面，如事業、工作、社交、服務、娛樂、學習等，則對更年期的反應會較和緩。」而很多醫師的看法也是，身體上稍有不適，可以用藥物減輕或解除，所以不會影響情緒，心理上的不適才嚴重。

我曾聽一位正處於更年期階段的女士坦率而又灑脫的話：「什麼更年期！我每天忙得頭一落枕就睡著了。月經不來最好，這個每月一事麻煩我幾十年，現在乾乾淨淨，我更可以計畫做更多的事而不受干擾。最起碼天天能跑步、游泳，去旅行也方便多了。」

能這樣面對更年期的中年女性，除了生性以外，卻也是長期「修練」而來。這位女士從年輕開始，就在主婦的職責之外，熱切地培植自己的愛好，關心家庭以外的社會，熱愛人生。所以她除了職業以外，還有很多可忙的事物。她的孩子隨著年齡的增長，不但更了解媽媽的世界，也給她很多意見和訊息。丈夫也因她的話「言之有物」，而頗能和她亦夫婦亦朋友的，相看兩不厭的共度幾十年。

已到更年期階段卻從無準備的人，也許會慌亂徬徨，但是如果在心理上有所了解，現在起步也不為遲。最重要的是不要相信更年期「一定」會如何如何，要有一種「去他的更年期」的瀟灑，更年期就逃逸無蹤了。

中年危機

# 2 搗住太忙的嘴

據新聞報導，現在歐美有很多成年的子女和父母同住，這和以前十五、六歲就急著想離家獨立的情況大不相同了。其實在中國家庭裡這種現象並不稀奇，尤其近年來很多女孩結婚晚，已成年並且在社會上工作了，還住在家裡。我常接到這些女孩的來信，她們比在青春期更「受不了」母親。

抱怨最多的是嘮叨。成年子女的父母都已是中年以上的人，就算母親是職業婦女，這時也不像青壯年時那樣辛勞了。子女長大，職業穩定，她們下班後不再需要三頭六臂地忙碌，有個女孩說：「我媽現在手不忙嘴就忙了，她非嘮叨到上床閉眼為止。我們家沒有一個人她看得順眼，也沒一件事她看了舒服。」

小時候不敢反抗，現在成年有謀生能力就再也不願忍受母親的嘮叨。但另一方面，她們也能體諒母親多年的辛勞，因此就形成極為矛盾的心理——對母親又同情又討厭，常常影響生活情緒。

而在嘮叨的「事項」中，最多的是女兒沒結婚這件事。有些母親本身婚姻並不幸福，甚至痛悔嫁了現在的丈夫，卻一面對女兒抱怨她們的父親種種不好，一面又絮絮不休「你不結婚怎麼辦」。

還有個女孩氣極告訴我說：「我現在很同情父親有外遇，像媽媽這樣可怕的嘮叨誰受得了？」

有的說：「不交男朋友媽媽嘮叨，交了她更嘮叨。」

於是「媽媽到了更年期」這句話就順理成章的成立了。於是「中年而不嘮叨」就成為中年女性可愛的特質之一。要控制嘮叨的嘴先要有開朗的心，再要有充實的頭腦，然後才會有智慧與幽默和家人相處。

和成年子女同住是一種快樂，他們不像小時那樣事事要你照料，反而可以照顧你。他們也歷練了世事，可以和你談心，甚至分擔你的煩憂。把嘮叨的時間和精力用來多讀書，多聽音樂，多看藝術展覽，中年女人依然可以美麗動人。

中年危機

# 3 陰陽心態的反轉

「你說女人沒有更年期，可是我發現自己的確和年輕時不同。倒也不是變得嘮叨多疑，而是越來越不能忍受伺候丈夫的生活。年輕時我願意為他洗衣做飯，甚至早上喊他起床，怕他錯過上班的交通車。但是現在我討厭他幾十年來好像不但沒長大，反而越來越喜歡依賴我，纏住我，幾乎不讓我有一點點獨處的時間。有時我很想丟開他不管，卻總覺得他可憐而作罷。這是不是更年期的變化呢？」

這位女士信中描述的情境，正是我蒐集《一個女人的成長》中年階段資料裡不算少的現象。我發現越是年輕時花太多時間和精力照顧丈夫的妻子，到中年越是有這類抱怨。

曾經我懷疑是夫妻年久情感衰退，或是「物極必反」，經年累月伺候人，久之自然厭倦。卻同時發現有些中年女性固然不願像年輕時那樣照顧丈夫，竟也不喜歡丈夫對她殷勤，包括性生活在內，她們都嫌煩。

曾經有一位專家研究出一份男女生涯發展差異圖，叫做「陰陽反轉圖」。研究指出四十歲以前女性的行為傾向是：在感情上有更多的歡欣，配偶、孩子、對他人富有感應能力、同情的表達。男人的行為傾向是：想證明自己的專業或社會優越能力、採取行動、能力自足、自信、競爭。而四十歲以後的女人：更獨立更自我肯定；男人則更富感情的感應及撫育的傾向。

這種陰陽心態的反轉，應驗了人生圓滿性的假說：「假定一個人缺乏什麼，他總是會朝著那個方向追求，使其圓滿。當一個人滿足了什麼，那麼他一定會掉頭，不再停留過久。」那麼中年男女的「陰陽反轉」也是「其來有自」了。

我們「知己知彼」以後，並不是爭取「百戰百勝」，而是年輕時提早預防，中年後才能互相協調。年輕時為自我留一片天地，中年後為丈夫留一份溫情。想想那依賴和纏也是一種愛。雖然有很多自私的成分，卻是多年親密關係的結果。與其消極的嫌煩，不如積極的接受，更可以自己做主做到什麼程度，不必像年輕時那樣全部投入了。

# 4 中年愛情饑渴症

如果年輕時沒有紮紮實實地生活，沒有對自己的生活（包括婚姻）有高度的滿足感，沒有可以讓自己專情、提升精神品質的嗜好，那麼到了中年可能會患上「愛情饑渴症」。男性「患者」有較多的機會碰到愛與被愛的對象，有些中年男人也許為愛而家庭破碎，犧牲身家性命也在所不惜。女性「患者」則大多沈湎在幻想裡，寄情於愛情小說和愛情電視劇上，或是三五好友窮蓋瞎聊，語言曖昧甚或葷黃。極少數真的碰到對象時，發作起來可以比男性更瘋狂。

曾經看過一篇報導日本女性生活的文章，說很多日本中年女性渴望有年輕的愛人，有了以後也像男人一樣不惜離婚。所以，近來的確聽到過一些中年女性為情困擾的真實故事。

現在的中年女性內在和外表的營養都好，家事減輕，生活範圍也比上一代寬闊，因此大多數都比實際年齡看來年輕。由於實際上已到中年，和丈夫之間早已沒有激情，孩子長大也和媽媽不再像小時候那麼親密，如果沒有精神上的愛情，空虛寂寞是難免的。

但是中年女人卻極可能嚴重地受到愛情的傷害，沈湎在幻想或空談中，浪費了可貴的時間，生命在無意義中點點消蝕。單身的中年女性，除非有智慧用平常心來處理愛情，否則常常因盲目陷入而極端痛苦。中年女人的「婚外情」則常是悲劇收場。其實這也是很自然的事，愛情（或欲念）多少含有生物延續生命的本能在內，中年人的條件當然比不上年輕人。真正能因欣賞中年女人的智慧成熟而愛她的男人是「稀有動物」，極難碰到。

因此且不從什麼道德來看，為了保護自己，中年女人對愛情就不能像年輕人那麼瀟灑了。事實上一個成熟的中年女人會參透這一點，她們知道世界上雋永而深刻的精神享受，絕不單純只是男女之間的愛情。而精神的提升一定可以淨化欲念，使得中年生活充實而美好。

如果碰到愛情，請記住用平常心處理。

5

中年危機

# 好得沒話說？

「突然，我不知道怎樣面對丈夫而不覺得不自在。我們共同生活了二十多年，當么兒也離家以後，餐桌上只剩我們兩人面對面，沒有孩子講話，我們也沒有了話題。起初還談談對孩子的掛念，但是談久了也不再有意思，兩人話越來越少，終於有一天一頓飯吃完了我們竟沒有人說一句話。我開始有點緊張，直覺得夫妻這樣冷淡是不對的，可是我越想找話題卻越找不出來，就渾身不自在起來了。我很擔心，難道我們就這樣相對無言的度過餘生嗎？」

一般的家庭就像一粒棗核，兩頭尖，中間圓大。由夫妻兩人開始，繁衍撫養一些孩子以後，又回復到夫妻兩人，但新婚時的「核尖」和中老年以後的「核尖」是大不相同的。單就談話這一點來看，新婚時的無話是「無聲勝有聲」，中老年時無話就是寂寞無奈，更會產生像這位中年女士的心情——怎樣面對同樣無話的丈夫。

無話可說並不表示夫婦感情不好，通常中年男人在家話就不多。他們或是因為工作忙累，回家需要徹底休息，或是有自己個人的嗜好，喜歡獨享鑽研的樂趣。

但中年女人如果二十多年的生活重心只是撫養孩子，現在重心一失，就等於掏空了這個女人的全部，因此不談孩子就無話可說。其他時候還好，總有些瑣瑣碎碎的事做，晚飯後又有電視可以救命，唯獨餐桌上兩人非面對面不可，這時更會感受到無話可說的壓力。

若生活內容貧乏，則搜索話題自是苦事，無中生有得花多少力氣！所以根本問題還是充實生活。水庫有水，龍頭一開自然會源源流出。因此，怎樣把中年夫婦的親密度維持不冷不散，就需要女人運用成熟的智慧加以觀察、分析，謀求對策改善了。

有位朋友的對策是拓展自己的生活，她常逛書店找書看，常和朋友看展覽和表演，參加女性成長社團，學習新東西。雖然沒辦法拉著丈夫同行，但至少她在餐桌上有話可說。

中年危機

# 6 中年媳婦

很多中年女人正在慶幸孩子長大可以鬆一口氣的時候，忽然發現她們要重新面對「媳婦」這個角色而難以適應。這些女人大都是結婚後，立刻或幾年後就過小家庭生活，一直是當唯一的「主」婦，掌家中之權。雖然也有公公婆婆，但公婆那時還是中年人，有自己的配偶和家庭，媳婦的責任不重。

一旦步入中年，公公婆婆已老，若其中一位過世，照顧留下的老人家當然是兒媳這一代的責任了。有的會把老人家接來同住，媳婦當然比兒子有更頻繁更密切的機會和老人家接觸。如果是公公還好，若同住的是婆婆，就應了「一個家不能有兩個女主人」的警語，情況嚴重的甚至鬧到家人感情惡絕，家庭碎裂。

不少中年媳婦抱怨，年紀一把了還要忍受小媳婦似的委屈，絕不能接受。有的責怪丈夫窩囊，那麼大的人還要受母親控制。有的氣憤婆婆來同住後，逐漸奪取掌

家大權。總之，原本平靜的小家庭就因多了一人而風波迭起，雖然這人是有嫡親的血緣關係。

這是中年女人這個階段的「情結」之一，養兒育女辛苦半生仍然不得將息，又套上另一副擔子。何況照顧老年人絕不像照顧孩子那麼有趣，更何況這個新「入侵者」還有奪權的可能，於是先在心理上就有千百個不樂意。

但是任何事的苦與樂都在一念之間，這個「念」可以左右人的心情和行為。有一個聰明的中年媳婦在了解婆婆同住是不可避免的事實後，她主動繳出家中大權，處處尊重婆婆，卻不放棄個人生活的自主權。她開朗而誠懇的在事前和丈夫做了徹底的溝通，堅定地告訴婆婆他們小家庭的生活習慣，其中包括她自己出外進修及休閒的時間。剛開始婆婆不能完全接受，但媳婦給了她足夠的尊重和權力，婆婆漸漸明白全盤接受是最好的。

這是一個成功的例子。中年女人只要想想，自己不久可能會走上和婆婆類似的路，就會平心靜氣的就自己的情況，和婆婆、丈夫及孩子共同商量出一個最適合自己家庭的方法來。

7

中年危機

# 遭遇極大悲苦時

早已把「中老年時遭遇極大悲苦，要用怎樣的態度面對」，列在《一個女人的成長》中了，但是我萬萬想不到竟然要在自己親身歷練以後來寫。

專家調查過，對中國人來說，喪失子女造成的心理壓力占第一位，平凡的我怎樣衝破這壓力再度面對現實？我無法描述那掙扎之苦，但我的確衝出來了。

首先我把自己「置之死地而後生」，我想五十年、一百年後，今天地球上的人還有多少是存在的？人離開這世界只有早晚的不同而已。朋友在淚眼相向時告訴我一個故事：一個婦人求佛救她垂死的母親，佛說你去要三粒芝麻來，但必須要那人家從來沒死過人的。當然，婦人空手無得。莊子的「方生方死，方死方生」讓我了悟，大自然的運轉人絕對無力左右。

其次是用「以毒攻毒」的土法療心傷，多讀多聽多看人世間悲苦的事實，知道自己絕不是世上悲苦第一人，就不會有憤恨，有不甘，有不平。心上的傷口彷彿用鹽「殺」過一樣，慢慢的癒合。疤痕永不會消失，悲慟是一輩子的，但可以面對剩下的人生了。

最後要強調的就是我常談的「讀書」，除了親情、友情的支持以外，書是一股極大的力量。可以從不同的書裡得到徹悟、認同或安慰，可以隨時握抱在懷，可以對它沈思或痛哭！音樂則可以加強心靈紓解的力量。當然這些都純是我個人的經驗，也只是釋放心靈痛苦的方法之一。

中老年遭遇極大悲苦時，和年輕最大不同的可能有兩種極端現象：一是把年華逝去的哀傷加上去，結果把自己壓到崩潰；一是經過生活歷練後的睿智和豁達，使人生境界更提高，後者就是成熟。

特別要提的是，我雖遭遇到人生的極悲極苦，仍然要說是個幸運的人。因為除了親人和友人以外，還多了很多讀者和觀眾的關懷和支持，我要把對他們的感激化為對上天的感謝。

# 1 計畫面對老年

無論人們多麼清楚每個人如果不夭折的話，都無法逃避年老和死亡，但能夠真正坦然面對的人的確需要成熟加智慧才行。

死亡無人能抵抗，但人類抗老的研究和發明，真是讓人嘆為觀止。由於商機無限，新技術、新產品源源不絕，無論男女，幾乎都勇於以身作試驗，而且年齡層越來越低。如果二十歲的人都去雷射美容，就不能譏嘲六十歲的人去拉皮了。因為有一個很奇怪的「社會心理」，竟把老當成一種羞恥，老人覺得不好意思是「自己老了」，別人如衝口叫人「老先生」或「老太太」，也要先道歉一下。

如果在中老年期真能「由外而內」鼓舞心情，那麼整形的確也不是什麼「可恥」的事。但是「整頓外表」只可列為面對老年的計畫之一，不能當成全部。真正的、踏實的自信心和活力仍然要發自內在，十年八年以後，衰老的皮肉會再鬆弛，但踏實的自信心和活力卻能有增無減。

每個人面對老年都會有不同的計畫，我個人覺得有幾個重要的方向：

第一，充實內在。永遠不要停止求知，而且要如饑如渴。年輕人偶爾停頓，還有時間和精力追趕，中老年人卻不同了。知識可以啟發智慧，智慧可以讓人活得更好。

第二，充實錢包。年輕有充沛的體力，經得起吃苦；老年貧窮不但自己受罪，也會拖累別人。對已成年的子女不必再無休止的經濟支助，要合理的為自己規劃養老金。

第三，充實友誼。老朋友多聯絡，新朋友不拒絕。朋友在人生的每個階段都重要，老年尤其如此。

第四，充實熱情。冷漠是寂寞的病根，熱愛人生，關心別人，越老越不能冷漠但不是囉嗦。

真正不怕老的人，就是能計畫面對老年的人。老是逃不了的，不怕老也好，不服老也好，只是一種心態，必須有行動配合才行。

白髮吟

2

# 做喬木，別做菟絲花

高齡獨居幾乎是個社會問題，如果不願或不能住養老院，那麼必須具備兩個條件，就是精神上和經濟上的。精神上要有嗜好，譬如讀書、繪畫等等心靈活動。經濟上最好在年輕時便決定將來不依賴小孩，生活簡單也是為老年打基礎。有足夠的獨居能力，獨居的精神意識，不是菟絲花，是喬木，更老也不怕。

當然，在傳統的中國文化倫理上，三代同堂、老少同居是完美的，但是時代的趨勢、現實的環境，都使得這傳統越來越不容易維持。更何況女人長壽，獨居的機率比男人更多，如果沒有獨居的能力和精神意識，變成一株「老菟絲花」是很可能的。

也是商人看到了商機，現在有不少老人公寓或養老院，有些必須經濟條件夠才住得起，住在裡面可能完全沒有獨居的痛苦和煩惱。聽過不少「居民」表示：快樂得不得了。

但是也有很多老人認為住養老院是可憐得不得了，被子女拋棄，與社會隔絕。還有些生性不喜與人群居，老了還要應付四周那些老傢伙，不得清淨。

無論住養老院或獨居，都有「獨自一人」的心理壓力要承受。怎樣把「獨自一人」的心理壓力消除，就很需要成熟的智慧了。

精神和經濟絕對是決定老年生活是否愉快的主要因素，其中精神又重於經濟，否則就不會有那麼多不快樂的老富翁、富婆。物質生活越簡單越好，精神生活則越富足越好。

一個沒有職業的女性，終身為丈夫孩子奉獻，在過了中年面臨老年時，尤其要在這兩方面早做準備。即使不是獨居，也不能有菟絲花的心態，要做一株喬木才是不拖累別人、受人歡近的老年人。

不少中老年女性用很多時間金錢來防範丈夫外遇，依我看，不如用來準備自己的精神和經濟這兩大項目更有益呢！

# 3 亮麗的老年生活

老和灰暗、陳舊常常連在一起，身心及生活環境，似乎都脫不了這一類的形容詞。

好幾年前，有一位太太抱怨她丈夫六十歲以後就不愛洗澡，弄得滿屋子都是異味。女人可能比較不怕洗澡，但上了年紀的女人很愛藏東西，東塞一團紙、西塞一塊布的全捨不得丟。

老人不好意思穿色彩鮮艷的服裝，認為不夠穩重。老人住的地方家具顏色大都是「古董色」，牆壁已看不出是灰還是黃，燈光總是黯然，四處是發黃的老照片。住在這樣環境裡的，不一定是貧窮老人，只是老人大都喜懷舊，甚或是懶得搬動調整。於是越住身心越灰暗、陳舊，使得年輕人怕走進這種環境，怕搭理老年人。

其實，老年絕對可以生活得亮麗而有生氣的。單說外在吧，首先要身體乾淨，經常有肥皂香，比什麼香水都好聞。其次是不要怕穿色彩鮮艷的服飾，只要剪裁端莊，老女人一樣漂亮。住處在經濟許可下，經常粉刷一新，流行的家具誰說不適合老人？燈光輝煌會使膚色都美好起來。

用不著的東西大刀闊斧丟棄，幹麼捨不得？這一輩子大約都用不到了。活了一把年紀當然有很多東西是曾經附著感情，丟不掉的話不妨收在櫃子裡，別擺在眼前老提醒自己。再得意的過去也是過去，不管未來的日子是多短，只要過好每一個今天，都強過追憶一千個昨天。

不斷在生活中創造新鮮，如自己捏個陶器做擺設、繪幅畫掛掛、拍幾張照片點綴、養盆花為室內增色、經常把家具換換位置等，有時不需花多少錢，全看有心無心而已。

而這有心就是內在的亮麗，只有坦然面對老年的人才能有這樣的心，只有經過計畫的老年生活才能做到。更需要強調的是，只有能獨立自主的女性才能在老年過這樣的亮麗生活。所以無論是教養我們的女兒，或女性自己，隨著成長的過程，都得有長程計畫才好。計畫的逐步實現可以充實安全感，安全感是老年最需要的。

# 4 老而可愛

白髮吟

「光陰都不夠用了，哪裡還有時間寂寞。」這是文壇前輩蘇雪林女士說的話，說得真好。作為一個現代成熟的女性，在進入中、老年以後，要推翻傳統幾個老人的模式：

・老而無知——如果因年齡的增長而停頓吸取知識，在真正「日新月異」的時代，用不了多久就與時代脫節了。知識不但是充實自己，也是和別人溝通的管道，一個老是咀嚼「陳芝麻爛穀子」的老人，真的是「面目可憎，語言乏味」。別人也許會由於習俗而尊敬你，但不會喜歡你。最近曾和幾位年長的朋友聚談，她們知識之豐富、言語之風趣，真讓人打從內心喜歡她們。

・老而頑固——有位朋友前些時因工作和一群老人相處一陣，她感慨的說她是

很尊重那些老人，卻有點受不了他們的脾氣。她懷疑年輕時小氣的人老了更小氣，年輕時固執的人老了更固執，年輕時不講理的人老了更不講理。慈祥和藹通情達理的老人固然不少，但是老而頑固的確實也常見。成熟的女性在有計畫的進入老年以後，應該可以靠自己的修為，不變成老頑固。

・老而無聊——傳統的女性在子女長大後，自己就像完成了人生責任似的再也無所事事了。過去的大家庭還有孫輩讓她忙碌或陪伴她，現在的小家庭孫輩不是在托兒所，就是媳婦自己照顧，都輪不到她了。老若沒有精神寄託，沒有事情忙，就不但自己無聊，也是別人眼中「無聊的老人」。人一無聊就問題叢生。

・老而無趣——有些老人總是用個框子把自己框住：老人應該怎樣、不應該怎樣。在這框子裡不但沒有好奇心，也沒有活力。自己和別人都不能衝破這框，像供在神龕裡，別人也許尊重你，但不敢接近，老女人的無趣大約就是嘮叨了。

大多數的現代女性受教育的機會多過上一代，這是最該好好把握的本錢，要利用這本錢好好經營我們的生活。

5

白髮吟

# 請多管閒事

在小家庭盛行的今日社會裡，人老了想管管家裡的閒事都不一定有機會，那麼何妨把觸角伸到家庭以外，管點社會上的閒事？

晨起運動時，管管運動場所是不是整潔；上下公寓樓梯時，管管公共樓梯有沒有垃圾；社區如有「鑰匙兒童」，能不能幫幫忙？閒雜人等進出社區或公寓查問一下，對門居而彼此不相往來的能不設法拉攏？住家環境汙染，噪音過多，可以共同改善嗎？沒事逛街時發現不合理的地方，寫信給地方政府等。只有稍稍留意，可管的閒事多得很。老年人多的是時間，也有一份閒散的心情，只要不揭別人隱私，大小閒事都能管。

不能成熟地面對老年的人，一旦成了「老人家」就自己萎縮下來，人還沒離開這世界，心已經封閉了。老人似乎更緊抱著「只掃自家門前雪，莫管他人瓦上霜」

的古訓。但今天不是只能雞犬相聞的社會，而是一個息息相關的社會。以今天老年人的健康、時間、金錢等水準來看，實在可以管更多的閒事。

曾經在報紙上看到一群可愛的老人志工在打掃墓園，使人印象深刻。雖是人人都已進入生命的黃昏時段，卻不避諱墓園，這是何等開朗的心胸！因此他們充滿熱忱，做各種志工，也就是積極的、踏實的多管閒事。

當然，好管閒事和個人的性格有關，甚至也和民族性有關，西方人顯然比我們愛管閒事。據說德國有些老太太專愛管教一些不守公共秩序的孩子或青少年，人家也有雅量接受。我有次不過勸一個孩子別把糖紙丟在地上，就遭他媽媽一雙白眼。

到老年還能熱心多管閒事的，顯然是對人生還有好奇心和熱忱，這樣的人無論身心都比較健康。讓仍然在職業崗位上的人努力於他們的專業，從崗位上退下來的人則多做些志工類服務社會的事，我們居住的環境品質會因老年人的多管閒事而更好。

「養老」應該不是被動等著別人來養，對生活了幾十年的人間也要主動付出關懷。所以老了請多管閒事。

6

白髮吟

# 活在現代

在金馬獎國際影展放映國片《小白菜》的那晚，很難得的見到一些中年、老年婦女觀眾，在幾乎全是年輕人「占領」的電影院裡的確少有。李麗華的時代有中、老年女性青春和愛情的歲月，面對著聲光影像俱已不佳的影片，勾起時光飛馳、生命短促的嘆息是不免的。但過去的歲月縱然再度放映，也都聲光影像模糊難以辨認了，偶一回味無傷，經常沈湎就太浪費生命啦。我很欣賞一位自稱「老天真」的女朋友，她最愛看科幻電影，及一些描繪未來的書籍和影片。她就是因為自己將來不能身歷其境，才更對未來充滿好奇心。

不但對未來好奇，對現在更不排斥。她接觸現代的文學、藝術，甚至流行的服飾，探討所謂「青少年次文化」，總是那麼興致盎然的像她自己說的「活在現代」。她和已經上大學的女兒一起去看電影《異形》、《最愛》等，討論得比年輕人還熱烈。家裡訂了好幾份報紙雜誌，她說退休以後規定自己每天寫點生活感想，大都是關於現代生活中的所見所思。「保持腦部細胞的活躍，及思想和觀念不落伍。」她說。因此她也關懷現在生活的環境品質，這常是她和家人的話題。

「活在現代」的確更是中老年人要把持的原則，因為人到中、老年即使曾經有過輝煌成就的，現在也已經過了烈日當空的時刻，剩下的日子當然益發的「日薄崦嵫」。大半生都平平凡凡的，此時或可能有「壯志未酬」的遺憾，都一樣會有緊抓住歲月尾巴的掙扎。不是無暇顧及現在，就是敵視現在的一切。就像有些年輕人只追求天邊雲彩而忽略身邊的美景一樣，老年人若只回味過去而忽略身邊現有的，都是生命中的損失。

只有「活在現代」，接觸現代的，了解現代的情況，才不會偏激、處處有格格不入的痛苦和困擾。時代的趨勢絕不是個人的力量能扭轉的，社會的變遷背後有強大的力量，凡是不能適應的，大都會引起很多身心的併發症。讓我們在黃昏時活得更愉快的方法，也就是在現代生活中能適應得很好。（編按：薇薇夫人有一本談退休的專書《美麗新生活》，遠流出版，對此議題有興趣的讀者不容錯過。）

白髮吟

# 7 讓位給別人

「因為，什麼是死去，不就是要赤裸的站在風中而熔入太陽嗎？停止呼吸又是什麼？只不過是把呼吸從它不息的潮汐中解放出來，以使它能夠上升，擴展，而無牽掛的尋找神？」紀伯倫在《先知》中這麼說。

「花不常好，月不常圓，人類生命也隨著在動植物界的行列中永遠向前走著，出生、成長、死亡，把空位又讓給人——活像一個旅客，乘在船上，沿著永恆的時間之河駛去，在某一地方上船，在另一地方上岸，好讓其他在河邊等候的旅客上船。」林語堂在《生活的藝術》中這麼說。

按照生命的程序，《一個女人的成長》該談到向這世界告別了。先摘錄兩位智者對死的感述，另外，我特別喜歡林語堂的這段話：死亡不過是把位子讓給別人而已。因此一個成熟的人在心理上面對死亡。應該是瀟灑而寧靜的，沒有恐懼，也不

必緊張，更何況絕沒有人能占住位子不讓。

如果生命真有輪迴，某年某月某日某時我們會在另一個地方上船。向親人好友揮揮手，雖然真的帶不走一片雲彩，但如果我們的確活得充實快樂，那麼帶走的豐收和喜悅，也就夠我們冥冥中咀嚼回味了。

曾經有人說無論多麼瀟灑的人，真正面臨死亡的時候，也會有恐懼，連專門談生死學的專家也不例外。所以任何還活著的人，都沒資格故作輕鬆的談死亡。

也許這是對的，但既然「死是這世界上人類唯一能等到，而且一定會得到的東西」，那就不能消極的害怕了。實際上可以做些心理準備，有人是皈依宗教，有人是充實關於生死的知識，以備到時走得比較平靜。

倒是身後事要麻煩還沒下船的人料理，是必須先交代的。對於這種留在世上最後的一件事，各人有各人的要求，我自己對進殯儀館深惡痛絕，也不願在擁擠不堪的地球上占幾尺墓地，既然讓位給別人，就讓得乾淨清楚而徹底。

我希望把可用的器官捐出來以後，其餘的焚化，骨灰撒向我深愛的大海，但是保護環境的朋友說會汙染海水，我希望到那一天會有更好的辦法。原則上是絕不製

造噪音和汙染，這副臭皮囊如能像科幻影片那樣，一陣煙後全無痕跡，就真的不亦快哉了。

《一個女人的成長》寫了整整三年，雖然不斷有讀者說喜歡，說贊成我的看法，其實我深知我不能影響已成年、已定型的人，這些喜歡和贊成的只是早就和我有同樣的看法和想法，我們早就算是知己了。我只期盼還有可塑性的、將來要塑造下一代的女性，能像我們這些人一樣成熟，活得充實而快樂，那就真正落實到男女平等的境界了。

國家圖書館預行編目資料

一個女人的成長 / 薇薇夫人著 . -- 四版 . -- 臺北市
：遠流， 2007 [ 民 96]
面；　公分 . --（大眾心理學叢書；312）
ISBN 978-957-32-6077-6（平裝）

1. 婦女 - 心理方面　2. 婚姻

173.4　　96008918

大眾心理學叢書 312

# 一個女人的成長

作者：薇薇夫人
策劃：吳靜吉博士
主編：林淑慎
特約編輯：陳錦輝

發行人：王榮文
出版發行：遠流出版事業股份有限公司
100 臺北市南昌路二段 81 號 6 樓
郵撥： 0189456-1

電話： 2392-6899　傳真： 2392-6658
香港發行：遠流（香港）出版公司
香港北角英皇道 310 號雲華大廈 4 樓 505 室
電話： 2508-9048　傳真： 2503-3258
香港售價：港幣 80 元

法律顧問：王秀哲律師・董安丹律師
著作權顧問：蕭雄淋律師
2007 年 6 月 16 日　四版一刷
行政院新聞局局版臺業字第 1295 號
售價新台幣 240 元（缺頁或破損的書，請寄回更換）

ISBN 978-957-32-6077-6

YLib 遠流博識網 http://www.ylib.com
E-mail: ylib@ylib.com